读客

读客中国史入门文库

顺着文库编号读历史，中国史来龙去脉无比清晰！

李清照

活得够“拽”

若虚　著

学林出版社

图书在版编目（CIP）数据

李清照活得够“拽” / 若虚著. -- 上海：学林出版社，2024
（读客中国史入门文库）
ISBN 978-7-5486-2014-3

Ⅰ. ①李… Ⅱ. ①若… Ⅲ. ①李清照（1084-约1151）- 传记 Ⅳ. ①K825.6

中国国家版本馆 CIP 数据核字（2024）第 105302 号

责任编辑 李沁笛
特约编辑 王星麟 乔佳晨 韩 静
封面设计 余展鹏

李清照活得够“拽”

若虚 著

出 版 学林出版社
（201101 上海市闵行区号景路 159 弄 C 座）
发 行 上海人民出版社发行中心
（201101 上海市闵行区号景路 159 弄 C 座）
印 刷 三河市中晟雅豪印务有限公司
开 本 1230 × 880 1/32
印 张 7
字 数 14 万
版 次 2024 年 7 月第 1 版
印 次 2025 年 4 月第 5 次印刷
ISBN 978-7-5486-2014-3 / K · 246
定 价 39.90 元

目　录

楔　子

南宋绍兴二年（1132年），经受风暴摧折的江南暂时平静下来。

两年前的建炎四年（1130年），金军渡江南下，追得宋高宗一路逃奔。宋高宗被迫行船海上，在茫茫汪洋之上前后漂泊了五个月。南方局势岌岌可危，国无根基，民无安处，仿佛这个脆弱的小朝廷即将灭亡。

一切仿佛涨潮，冲天浪头以毁天灭地的力量掀起偌大阵仗，却又在某个时刻湮了气势，徐徐退却。南下的金军退兵北返，流亡海上多日的皇帝踏上了久违的陆地，他先是来到越州（今浙江绍兴），随后在这里驻跸，便将年号改为“绍兴”。史学家认为，这一年标志着南北政权对峙的开始，自此，北方政权无法吞灭南方政权，南方政权也不能收复北地。

“建炎”与“绍兴”是宋高宗的两个年号，仿佛寓意着某种复兴家国的宏大愿景，可放在现实中，这就像高宗皇帝日常挂在嘴边

“迎回二帝”的口号一样，也仅仅是好听的年号罢了。

绍兴二年九月，就在这表面平静的时局下，发生了一件小事。这件小事对于南宋百年纷乱史来说不值一提，对于个人来说却是人生命运的重大创伤，更引来此后数百年的聚讼纷纭。

这件事是：一名叫张汝舟的朝廷官员被他的妻子举报，妻子称他“虚报举数”，以此欺骗朝廷谋取官位。所谓“虚报举数”，是说宋朝以科举取士，但若有人屡试不第，准予这些落榜生上奏朝廷，由朝廷给予例外赐官的优待。但这种优待有限定条件，比如落榜生年龄须到五十岁，应举的次数为四次或五次。张汝舟本不符合优待赐官的条件，于是他虚报了应举次数。而他之所以能欺瞒成功，也许是因为宋朝南渡后，大量官方档案散失在战火中，个人的履历不得已全凭自述。

这件不见光的事本该永远踩在脚底，却被当事人的枕边人揭发，枕边人不仅要让丈夫锒铛入狱，还要与其解除婚姻关系。据张汝舟妻子的供述，张汝舟在她落难之际乘虚而入，用欺骗的手段与她结为夫妇，其目的是谋取她的婚前财产，谋之不得，便对她实施家暴。

据宋朝法律规定，妻子告发丈夫，即便事实确凿无疑，妻子也当服徒刑两年。也就是说，张汝舟的妻子举报丈夫是犯罪行为，不仅会让丈夫受刑入狱，也会让自己身陷囹圄。在夫为妻纲的时代，丈夫不管明行凶事，还是身藏阴私，妻子都要隐忍随从甚至配合，丈夫若欺凌、家暴妻子，妻子也应该逆来顺受、毫无怨言。可这位妻子显然不认为自己应该为丈夫隐瞒犯罪事实，更不认为自己应该忍受丈夫的肆意凌辱。因此，她为了毁灭丈夫，不惜毁灭自己。

这位不同寻常的妻子便是李清照，那一年她四十九岁。张汝舟并不是她的第一任丈夫，是她南渡后于颠沛之境再嫁的，但这段婚姻只持续了一百天，便因为李清照的检举，匆匆地结束了。一段“闪婚闪离”的孽缘，于现代人而言，无损于一个女人的品格；于古代的人而言，却仿佛白璧上生了瑕疵，碍眼不说，非得剔除不可。

毕竟李清照是谁？宋代著名女词人，在男性写作于古代文学史占据绝对地位的背景下，她以女性之身在男性主导的文学世界里辟出一席之地，她与第一任丈夫赵明诚的伉俪情深被后代文人所传颂。如此奇女子，爱情与事业双重圆满，文章也做得花团锦簇，纵使赵明诚先殁，她也时时刻刻将他放在心上。她后半生的凄苦婉转、潦倒无奈，皆因知音不在了，所以她想他、念他、怨他一辈子。

不过南宋之际，时人对李清照再嫁的态度，更多的是戏谑嘲弄，譬如著名的文学评论著作《苕溪渔隐丛话》评价李清照“能文词”“颇多佳句”，接着笔锋一转，说她的改嫁是“传者无不笑之”。掌握话语权的男性文人们一面端着客观的姿态承认李清照的词是上乘佳作，一面又忍不住嘲笑她所嫁非人，以致晚景凄凉，这分裂的话语里，隐隐藏着“改嫁活该”几个字。

诡异的是，明清以后关于李清照再嫁的评价竟发生了逆转。源于宋代理学的“饿死事小，失节事大”的贞洁观念，在明清得以加强，因此深受贞洁观念影响的文人们反而开始否认李清照改嫁的事实，或者把自我代入李清照的感情生活里，容不得这位擅长作词的“女神”有任何不检点之处。其中以清代著名学者俞正燮最为出众，他以万字考据长文，细抠李清照的生平，推论出她不可能改嫁，即便李清照曾经自己手书改嫁一事，在他看来，那也必定是遭人篡改的伪作。

这一说法，拥趸甚多，即便在细枝末节上有争议，大体上都否认改嫁，于是这件事在学界里扬起尘埃，前前后后，无数学者加入论战，考据派、索隐派、意识流派各执一词，纷说不绝，直到今天，李清照是否改嫁仍然是学术争论的焦点之一。

一个女词人，嫁没嫁人，嫁了几个人，惹得饱学夫子们抡臂而上，全方位、多角度地进行文本解读、人格分析、心理剖解，掘地三尺寻找她改嫁与否的证据。学者们从她的一阕词、一首诗，品味她的爱恨情仇，仿佛她全部的文学创作都是为了思慕某个人或怨怼某个人。男性词人写“庭院深深深几许”，是假女子之口创作一篇与爱恋有关的游戏之作；她写“庭院深深深几许”，就必须是抒发当时当地她的真实心声，由此推论出她的词是“自传体”。

若剔除这种不顾文学创作有想象自由性的武断分析，那么，李清照为何创作？又该如何形容她本人呢？假如给李清照画一幅肖像，她该是什么样子呢？

有一幅《易安居士画像》流传至今，相传是赵明诚在李清照三十一岁时所画，上有题词为："易安居士三十一岁之照。清丽其词，端庄其品，归去来兮，真堪偕隐。"画上的李清照手捧一簇鲜花，身形消瘦，袅娜若无力。大概这形象很符合传统文人心目中的端庄仕女形象，细腰削肩，如同养在闺中的娇花不胜狂风，需要强者尽心呵护。

这或许确实是李清照的一面，出身书香世家，大家闺秀，但她应该还有另一面。相对于这似花的恬静一面，另一面似火，远非端庄、贤淑的仕女，也非满心哀戚的怨妇、思妇。

譬如她好酒，称她为"酒徒"也不为过，在她的诗词创作里，出现了数十次与酒有关的描写。她还好博戏[①]，自称："予性喜博，凡所谓博者皆耽之，昼夜每忘寝食。"并且她专门为之创作了数篇佳文。

她自信而无畏惧，曾经著文评点词人，如晏殊、苏轼、欧阳修、王安石等，无一不被她批评，或是"句读不葺之诗"，或是"不可读也"，激得当时文人怒驳她"可笑不自量"。

她胸中更有浩然之气，当南宋朝廷偏安一隅、不思进取，整个社会呈现一片沉沉暮色时，她说："南渡衣冠欠王导，北来消息少刘琨。"

她辗转历难，饱经忧患，年轻时为朝廷党争所扰，中年遭逢国破之祸，年老僻居他乡，寂寂而亡。说到底，她只是大时代中的一

① 古代赌输赢、决胜负的游戏。——编者注

个女人，因能写好词，方在历史里留下了名字，可旷世的美文也抵不过时代巨变的碾压。

后世人骂她，笑她，赞她，尊她，只不过是一张张不甘寂寞的口，非要在对别人苦难的指手画脚里获得优越感。她说过：“虽南山之竹，岂能穷多口之谈。”想来她是清醒的，知道防不住众口悠悠，就算千夫所指，也要换一个自由之身。

绍兴二年九月，李清照状告丈夫张汝舟，承朝中亲戚相帮，入狱九日而出。外面的世界秋意正深，潮湿的冷风吹彻长江两岸，偏安朝廷覆亡的危机刚刚过去，她的个人危机也过去了，而国家与个人的未来命运，都正走在衰微的路上。

这位女词人的一生早已结束了，可对她的揣度与评价其实才刚刚开始。

第一章

家学

嫠家父祖生齐鲁，位下名高人比数。

——李清照《上枢密韩公、工部尚书胡公》

绍兴三年（1133年）夏，靖康之耻方过去六年，逃往江南偏安的赵宋朝廷，在经历了数年的兵燹流离、内乱叛变后，暂时安定下来。宋金双方激烈的军事对抗，也渐渐从金国一方压倒性的优势局面变为彼此对峙难分的态势。于是这一年，始终执着于求和的南宋朝廷再次遣使金国，称为大金军前奉表通问使，正使是同签书枢密院事韩肖胄，副使是工部尚书胡松年。

文气满满的宋人，好尚以文达情，士大夫们举凡释褐（指做官）、升官、外任、贬谪、出行、游宴等，都要诗酒唱酬，彼此赋诗相赠，有人贺喜祝福，有人慷慨壮行，也有人唏嘘慰藉。即便是皇帝，也常常在与臣下宴乐欢甚时，彼此作诗写文，甚至较量胜负，拔得头筹者往往能得较厚的赏赐。赋诗达情一时风行草偃，引领了整个时代的文明风尚。因此，像出使这样的朝廷大事，士大夫们自然免不了纷纷赋诗言志。

有多少文士为韩、胡二人的出使挥墨，今天我们并不清楚，但历史典籍留下了一组诗，作者并非诗文世界里纵横捭阖的须眉士大夫，而是个女人，她就是李清照。

那一年，李清照五十岁，避乱江南六年，丈夫已亡故四年，所以她称自己是“嫠家[1]”。

她在《上枢密韩公、工部尚书胡公》这组诗里，讲述了与韩肖胄家族的交往渊源，她自称“父祖皆出韩公门下”，到她这里，已是三代。

韩肖胄，北宋名相韩琦的曾孙。韩氏一门，在北宋显赫当朝，“两代为相”“三世守乡郡”。“两代为相”是说韩琦在仁宗朝、英宗朝、神宗朝担任宰相，其子韩忠彦后在徽宗朝也为宰相；“三世守乡郡”是说韩家是相州人（今河南安阳），韩琦曾守相州，其孙韩治也守相州，到韩肖胄还守相州，史书称“人以为荣”。韩琦守相州时，曾修建昼锦堂，欧阳修为此写了一篇佳文《相州昼锦堂记》，开篇便言明：“仕宦而至将相，富贵而归故乡。此人情之所荣，而今昔之所同也。”

昼锦何意？古来有言：“富贵不归故乡，如衣锦夜行。”人生获得大成功，若不衣锦还乡，便像大晚上着华服，向谁炫耀自己的成功呢？当然，在文章里欧阳修认为韩琦不是这样好炫耀的俗人，韩琦虽然修建昼锦堂，“既又刻诗于石，以遗相人。其言以快恩仇、矜名誉为可薄，盖不以昔人所夸者为荣，而以为戒”。欧阳修为此感慨道：“于此见公之视富贵为何如，而其志岂易量哉！”

韩琦并不以矜夸名利为荣，他在昼锦堂刻石，谆谆告诫世人，计较得失、沽名钓誉，甚为可耻，这样一个视富贵如浮云的人，那

---

① 寡妇的自称。——编者注

非凡志气真真不可测量，不愧是社稷重臣。

被欧阳修夸誉有加的韩琦，《宋史》称许他“折节下士，无贱贵，礼之如一。尤以奖拔人才为急”。故而李清照的父祖都曾在韩琦门下行走，约莫是得到过韩琦的照拂提携，但到底是怎样的照拂和提携，李清照没有明说。也有可能这个“韩公”并非韩琦，或者不仅指韩琦，其子韩忠彦、其孙韩治都曾关照过她的父祖，之所以没有明说，只因当事人知晓原委，李清照以为无须赘述。

韩琦病逝于熙宁八年（1075年），李清照父亲李格非于熙宁九年（1076年）考中进士，那之后李格非一度在东京为官，韩家子弟也在东京为官，但历史记录中少见李家与韩家的交集，直到李清照的赠诗出来，才让人恍然原来李韩两家有这样的家世渊源。

也许得益于韩家的奖掖——哪怕只是几句赞誉、几次游走门下的机会——生于“齐鲁”的李氏之族，渐能在文气充盈的北宋士大夫队列里占有一席之地，于是多年后，早有文学之名的李格非终成“苏门”子弟。

李清照对故里“齐鲁”的形容是：“当时稷下纵谈时，犹记人挥汗成雨。”追述过往璀璨历史是为今日的非凡增色，字里行间多少带有几分自得之色，作为千年以来的文明之地，这番表述并不为过。只是，紧跟在这句诗后面的是：“子孙南渡今几年，飘零遂与流人伍。”

璀璨是存在过的，韩氏门下游走也是有过的，然而都已过去，当大乱来临，在时代巨浪的冲击下，文明之地变作瓦砾，文明之人只如飘蓬。

于是念念不忘故土的李清照，请出使北国的韩肖胄，为她看看中原老家：“欲将血泪寄山河，去洒东山一抔土。”这番对北方故园的泣血思慕，大概也是当年南渡北人的共同心声吧。

以往有个流行说法，李清照是济南历城人，彼处有湾柳絮泉，它是济南名泉之一，之所以叫“柳絮泉”，据说是因为泉溅纷纷，仿佛飞絮。清代学者任宏远有《柳絮泉访李易安故宅》一诗，被后人认为是李清照故居在此的有力佐证，那儿为此建起了李清照纪念堂。古往今来多少有心人前去凭吊追思，仿佛默认了那盈盈一水间，就该孕育出一个如水般剔透温婉的李清照。可是真实历史并不向想当然妥协，因为近年来发现的宋代石碑，其上刻有李格非的文章，他称自己是“绣江李格非”。绣江者，济南章丘明水镇，而非历城。

也就是说，李清照的故里是章丘，虽不是历城，但与历城一样，在宋代都划在济南府辖下，在今天又都归属于济南市。只是没了诗情画意的柳絮泉作为人格象征，也许某些人会生出失落感。可实际上，无论失落抑或客观面对，要紧的是你怎么看李清照。她是一个真实而复杂的人，有过脆弱、悲伤、挣扎，也会争胜、坚韧、决绝。

李清照出生于宋神宗元丰七年（1084年），那一年十二月，司马光主持修撰的《资治通鉴》全本告成。二百九十四卷浩瀚史录，编写目的是“鉴于往事，有资于治道”。这部编年体史书问世近千年，成了历史学习者的必读书目，某种程度上也成了所谓精英阶层修饰身份的文化门面，而在当年它却代表着宋代史学事业的巅峰。

毫无疑问，至少在某种程度上，那段时间是宋代文化发展的光辉岁月。最好的诗人、最优秀的古文家、最博识的学问家，大部分都还健在。如果早生数年的，能见到他们济济一堂的盛况；稍微晚一些时候出生的，也没关系，他们的影响力持续强劲，不仅深刻形塑了宋人的文化品格，也影响了后代。一如陈寅恪所言："华夏民族之文化，历数千载之演进，造极于赵宋之世。"断言稍有些夸大，然斟酌宋学对后世，尤其对明清文化思想的深度影响，倒也有一定合理性。

这是个极度重文的时代，有鉴于唐末五代藩镇割据的历史教训，宋自开国便实施重文抑武的国策。一方面，武力衰微，开疆拓土呈现疲软态势，北边政权雄风迭起，赵宋朝廷却始终无力阻断其扩张势力，随着时间推移，还为自己埋下了灭亡隐患；另一方面，改革科举制，拉拢士大夫，使大量中下层寒门知识分子进入决策层，逐渐瓦解了魏晋以来根深蒂固的世家门阀，由此形成了有史以来规模最大的文官集团。

宋朝一百多位宰相，九成出自科举，其中一半并非名门望族，出身寒门者比比皆是，不像唐代，中央政治权力长期由几个显赫家族把持。

对宋代人来说，读书是改变人生命运的最大机会，一旦科举中第，他们就能实现社会阶级的飞速跃升。"朝为田舍郎，暮登天子堂。”这不是夸张，而是真实生活的写照。

魏晋至唐是门阀的天下，世人汲汲于姓氏，将与世家通婚视为莫大的荣幸。世家因此傲岸不羁，甚至常常不买天子的账，以至于唐文宗求婚世族不得，不禁慨叹：“我家二百年天子，顾不及崔、卢耶！”而宋代是读书人的天下，更确切地说，是科举士子的天下，世人汲汲于功名，一个科举中第的进士，便如同价值连城的“奇货”，受着千万人的热烈追捧。

宋代读书人一旦考中进士，皇帝会亲自召见，并赐宴金明池；倘若高中状元，还能跨马游街，有皇家侍卫清道开路，接受东京百姓的瞩目礼赞。这样让世人艳羡的大荣耀，催生了一个独特的景象，是为“榜下捉婿”。

每到科举考试揭榜那日，东京城的官宦之家、商贾之家都忙活起来，赶着车儿、马儿，埋伏在进士们赴宴金明池的路上，做什么呢？捉女婿也。捉到状元自然最佳，捉不到，是个进士就行。宋朝任官以进士为先，只要是进士，不愁以后不为显宦。

为了和进士联姻，各家使出非常手段，甚有强逼者。李清照丈夫赵明诚的妹夫傅察，在考中进士后，被蔡京相中，蔡京强迫他做女婿，傅察不从，不肯为红极一时的蔡家门下“牛马走[①]”，却迎娶了赵明诚的妹妹。这件事让蔡京心怀忌恨，婚姻不成结下的梁子，多少是蔡京与赵挺之（赵明诚之父）后来爆发矛盾的小小原因。

① “牛马走”指像牛马一样被役使的人。旧时自称之谦辞。——编者注

李清照谦称自家是“族寒，素贫俭”，她父亲李格非的两段婚姻对象却都是宰相后裔，原因或正在于他是进士。

李格非的第一段婚姻，妻子是宰相王珪的女儿，即李清照的生母。李格非有没有过被“榜下捉婿”的经历倒不好说，但能联姻宰相，与他的进士身份应是分不开的。尽管李清照声称父祖出于韩琦门下，既然能游走于名相门下，总不会是厮役仆从，遗憾的是，查不到她祖父的一生事业，连名字也缺失了，想来是真的“族寒”。

这位王珪相公，李清照的亲外公，人送诨名“三旨相公”。他上殿面圣，对皇帝说：“取圣旨。”皇帝有所指示，就说：“领圣旨。”下殿后对属吏说：“已得旨。”史书评价他在为相期间“无所建明”，努力保官位而已。彼时正值王安石变法，他仿佛是变法的支持者，等新党失势，旧党卷土重来，他又成了定鼎功臣。王相公的政治生涯一言难尽，此不赘述，但他会择女婿。他的女婿和孙女婿都是进士。

众多女婿中，除了有名的李格非，尚有个更出名的孙女婿，这位孙女婿就是秦桧。

也就是说，李清照舅舅的女儿嫁给了秦桧，李清照与秦桧的妻子是表姐妹。这层亲戚关系在当时并未显出什么特殊之处，宋室南渡后，反倒给李清照增添了麻烦。

李清照生母去世很早，准确时间未知，综合各方资料，最迟在元丰八年（1085年）。因为元丰八年五月王珪去世，他的神道碑文明确写有长女已死。李清照生于元丰七年，母亲却于元丰八年辞世，算起来，李清照在襁褓中时便已失母。

因妻子早逝，李格非不久后续弦，第二任妻子是宰相王拱辰的孙女。正是这位王夫人抚养李清照长大。王夫人擅长读书作文，因其言传身教，涵养了李清照的文学才能。王拱辰是仁宗朝状元，两任妻子都是欧阳修妻子的妹妹，王夫人的祖母晚年定居洛阳，身服道装，悠游园林，李格非撰写的《洛阳名园记》，其中提到的王开府园，正是王夫人的祖母徜徉其间的私家花园。继母是名门才女，作为进士的父亲李格非，其文化素养自不用言，李清照在浓郁的书香气里成长。

宋代因印刷术的改进，官方刻书与私家刻书并行，以往一册书的完成只能靠逐字手抄，耗时耗力不说，错误纰漏更是不能避免，如今却可以做到大规模复制发行。宋真宗有次省察国子监，向国子监祭酒邢昺询问国朝雕版规模，邢昺回答说："国初不及四千，今十余万，经、传、正义皆具。"宋真宗为此叹息道："今学者易得书籍。"

书籍易得，客观上有助于读书风气遍及天下，漫说文人攻读诗书，便是贩夫走卒、泥瓦匠、箍桶工也能论说经典义理，故而女儿家读书习文不是稀罕事。古板如司马光，也认为女子当学习。如王安石一门，妻子、妹妹、女儿俱工诗文。

一是因为受到浓厚时代风尚影响，二是因为父母双方文化底蕴较深，李清照拥有了好读书的家庭环境，兼之天赋里带来的灵气，一代文学大家便成长起来。

李清照的文学天赋，多半遗传自父亲。李格非素有文名，中进士之前，虽着意诗赋，更留心经学，曾著有数十万言《礼记说》，著有《史传辨志》《永洛城记》《礼记精义》，以及诗文数十卷。但他最后传世的作品只有《洛阳名园记》，该文写于绍圣二年（1095年），文中历数洛阳十九座著名园林，以精练而优美的语言概括了洛阳园林的艺术特点。不过此文令世人称道的不只是对当时造园艺术的概述，更重要的是文字背后蕴含的历史兴亡。以园林的盛衰寓意王朝的更迭。

"'园囿之兴废，洛阳盛衰之候也。'且天下之治乱，候于洛阳之盛衰而知；洛阳之盛衰，候于园囿之兴废而得。"园囿的兴废是洛阳盛衰的征兆；天下的治乱，可从洛阳的盛衰而知道。

造园林的是人，游赏园林的也是人，最终毁弃园林的仍然是人，人间诸物的一兴一亡不过是世事迁徙的表征。今日在园林胜景间吟赏玩乐，证明不了太平岁月的长久。繁花盛开如洛阳牡丹，也会在一瞬间凋谢为遍地落花。

南宋绍兴八年（1138年），张琰为《洛阳名园记》作序，那时太平已不在，洛阳早就沦于敌手，"繁华盛丽过尽，一时至于荆棘铜驼，腥膻伊洛，虽宫室苑囿涤池皆尽"。目睹繁华委地的张琰称许李格非"可谓知言"。

李格非流传至今的诗文极少，但时人称誉他的诗文"高雅条畅有义味"，他因卓越的文学才能，拜在苏轼门下，成为"苏门后四学士"。苏轼门下学生众多，最出名的就是"苏门四学士"，分别是黄庭坚、晁补之、秦观、张耒，“后四学士”少为人知，正是廖正一、李禧、董荣和李格非。

李格非成为“苏门”子弟，大约在元祐年间。他早前出任郓州教授，持掌地方文教。因是刚刚出仕，俸禄低微，生活贫苦，郡守有意让李格非兼任职务，以便多获得一份俸禄，李格非却拒绝了，秉承着君子不苟且屈从求富贵的信念。绍圣年间，李格非任广信军（今河北保定市徐水区）通判，地方上有道士装神弄鬼，愚弄百姓，民众奉以为神，李格非不信邪，中道遇到乘车的道士，将那道士生拽下车，杖责出境。李格非这种孤高倔强、无畏敢为的性格，必定深切地影响了李清照。

父亲是多少人在人格形成路上的模范。一个不好的父亲，带来的都是负面影响，儿辈得不到良好引导，往往走上歪路；一个好父亲，却可以其良性的言传身教为儿辈作表率。

宋哲宗元祐元年（1086年），李格非调回东京入补太学录，元祐四年（1089年）任官太学正，元祐六年（1091年）又为太学博士。李格非的仕途一直与学校教育紧密相关。

苏轼在宋神宗熙宁至元丰年间，因反对新法，长期被贬谪在外，直到宋哲宗继位，才重返东京。自元祐元年到元祐八年（1093年），除了中间一段时日，苏轼出知外任州府，其他大部分时间都在东京，李格非也就于此期间“以文章受知于苏轼”。

宋代文人习惯以文会友，以文结盟，将翰墨事业认定为如道统一般具有重大的社会意义。依着王水照先生的划分，北宋时期形成了三大文人集团，“苏门”即其中之一。“苏门”以苏轼为盟主，聚集了一大群文风各异而价值观趋一的诗文能手。

文学盟主以发现人才、推奖后辈为急务，团拢越多的才学之士，越能证明该集团的能量，才学之士也把加入文学联盟视为毕生幸事。把写作当成宏伟事业的读书人，一辈子皓首穷经，写烂了笔头，磨损了砚石，即便写出的诗文车载斗量，也可能无人问津，最终只是文学史上沉默的尘埃，被历史湮灭了。但若能得到文学泰斗的一二言品题，与之有过三两次诗文交游，旋即身价百倍，从默默无闻的文学边缘人，变成熠熠生辉的未来之星。

如苏轼刚在文坛崭露头角，当时的盟主欧阳修便对他大加赞誉，更要“付子斯文”，俨然将苏轼当成未来文坛盟主的不二人选。到苏轼主盟文林时，他一样扶掖后辈。如读毕晁补之的文章，他叹息道：“吾可以搁笔矣。”如与秦观神交，多次互通书信，还向王安石竭力推荐。同样，这些门下士子，也因苏轼的推奖而大放异彩。

李格非拜于“苏门”，一方面推高了自己的文名，另一方面也成就了女儿的文名。

李清照自少年便有诗名，“才力华赡，逼近前辈”，凡一弄笔，“文章落纸，人争传之”。一个深闺女子，如何在男人主导的文学世界里闯出一条路？在当时当地的情形下，男性文人要露锋芒，需要前辈引路，女性文人就更需要贵人的发现和宣传。

这个发现和宣传李清照的贵人正是“苏门四学士”之一的晁补

之。晁补之与李格非有通家之谊，同为齐鲁人，同是苏轼门下士子，彼此交情匪浅。晁补之的诗文集里收录了数首与李格非唱和的诗，如《与李文叔夜谈》，其中有言："诵诗夜半舌入喉，饮我樽中渌醽（líng）美。"可知两人曾有过彻夜论诗的亲密经历，谈兴浓处，酣饮为乐。晁补之极为赞赏李清照的才华，"多对士大夫称之"，有文林干将推奖，李清照很早就在文坛闯出了名堂。

只是可惜李清照早年作品不详，加上伪作、疑作较多，有的看似具有少女情怀的词文，倒不一定是当时所作。李清照的诸多作品，后代研磨者往往有个执念，就是必须设定准确的时间，诸如这首情怀稚嫩更肖少年习作，那首格调老练当作于中年。但从文学创作实践上来说，中年未必不能写少女情怀，少女未必不能有老成之思。毕竟文学可以伪装，可以想象，未曾经略的生死大事都能写出痛彻之感，何况是代入年龄。假设作者是天才，想象更能纵情涉足任何领域，李清照为何不能跨越现实界限，将时间、空间都跨过去，跨往一片广阔而深邃的文学世界？

唯其如此，才会有"文章落纸，人争传之"的奇景。不凡的文字总不能是拘谨的，好比苏轼的诗文恣意汪洋、纵横四海，宇宙那么大，人生那么渺小，但也要飞去宇宙边界唱一阕词。苏轼吟唱过"鲲鹏水击三千里，组练长驱十万夫"，李清照也咏叹过"九万里风鹏正举。风休住，蓬舟吹取三山去"。最杰出的天才皆为鲲鹏，他们要绝云气，负青天，适南冥，凡尘的意志缚不住，也不该用凡尘的想象去考量他们。

生而为人，总有使命，李清照的使命或许是做记录时代的词人，出生时承受着北宋文化的绚丽余晖，因而涵养了最厚重的文学才情，后来遭遇时代巨变，历经创痛，以其辗转跌宕的一生为笔，书写天当俯首、地当屈身的千古篇章。

元丰七年，李清照与《资治通鉴》一同诞生。北宋文化极致发展，文人辈出，名篇丛生，颂扬盛世太平的诗文数不胜数，只是物极必反，哀声终将奏响，于是在夕照落山时，等来一个李清照，为太平结束唱起挽歌。

王朝的背影渐次昏暗，文学的殿堂却放出光华，“国家不幸诗家幸”的时代即将到来。

第二章

东京

中州盛日，闺门多暇，记得偏重三五。

——李清照《永遇乐·元宵》

南宋末的一年元夕，词人刘辰翁读到李清照的《永遇乐·元宵》，这首写于百年前的旧词深深地触动了他，令他潸然泪下。过去三年，他依然念念不忘，“每闻此词，辄不自堪”，实在不能释怀，遂和词一首，以抒忧怀。一首旧词，为什么引起刘辰翁如此大的情绪波动呢?

刘辰翁和词前有一篇小序，说明他首次诵读《永遇乐·元宵》是在乙亥年上元节，即1275年。两年前的1273年，襄阳失守，南宋最坚固的前沿堡垒土崩瓦解。1274年六月，元世祖忽必烈下诏问罪于宋，二十万元军东下江汉，南宋的长江防线一溃千里，当年七月，元朝兵发三路灭宋，至1276年，临安陷落。

到刘辰翁和词的1278年，南宋事实上已经灭亡了，虽然尚有竖起宋王朝旗帜的小朝廷在海上漂泊，坚守复国的渺茫希望，但翌年崖山一战，随着身负小皇帝的陆秀夫纵身一跳，宋朝彻底成为历史。这便是刘辰翁读词、和词的历史背景。

李清照创作《永遇乐·元宵》，是在建炎南渡后，追忆东京元宵往事。当年盛世风华，太平日久，风物繁阜，而今唯剩下半壁江山，大半国土沦丧，那让宋朝人魂牵梦萦的东京城再也回不去了。

李清照创作时，南宋尚有所谓的中兴气象，给宋人一点儿不切实际的幻想；刘辰翁诵词时，南宋却是衰败至极，连半壁江山也无，正如南宋名臣杜范对时局的评价：“无一事之不弊，无一弊之不极。”故而刘辰翁的亡国之痛更凄厉、更惨烈。

刘辰翁自称和词是模仿李清照的口吻，同写元夕，两词自有相通之处，我们试着比较两词的下半阕：

中州盛日，闺门多暇，记得偏重三五。铺翠冠儿，撚金雪柳，簇带争济楚。如今憔悴，风鬟霜鬓，怕见夜间出去。不如向、帘儿底下，听人笑语。（李清照）

宣和旧日，临安南渡，芳景犹自如故。缃帙流离，风鬟三五，能赋词最苦。江南无路，鄜州今夜，此苦又谁知否？空相对、残釭无寐，满村社鼓。（刘辰翁）

同是亡国后的追思既往，李词虽伤感，却把情绪隐忍住了，提起东京，一切都是美好的，尽管美好失去了，可回忆弥足珍贵，因为珍贵过往不能重现，倒不如不要重温。故而她藏在人后，看别人笑语盈盈，怀想过去的欢乐，凄凉之意满溢心头。

刘词却苦得像咂了黄连，满篇俱是掩不住的血泪，说的是东京旧事，却似与东京无关，东京不过是个引子，引出那一场肝肠欲断的亡国憾痛，乃至说出：“赋词最苦。”他虽要写词宣泄苦涩，却偏偏解脱不了那种悲苦。“鄜州今夜”化用杜甫的诗句：“今夜鄜州月，闺中只独看。”此句词明写离乱中对家人的思念，实际表达家国破碎的哀苦。词人被这无法倾诉的苦折磨得夜不能寐，起来只见残灯将尽，听见社鼓声声，每年都要过的元宵来了，可我的国家已经没有了。

后来宋亡，刘辰翁二次和词《永遇乐·元宵》，这回连韵脚都与李清照词一样，词作基调就更加沉痛哀婉。前后两次和词，可见刘辰翁对《永遇乐·元宵》的执念甚深，但与其说是对一篇佳作的执念，不如说是对隐含在文学作品中相似的故土之思的执念。只不过，二者的情绪并不完全一致。

宋人张端义《贵耳集》记述李清照“南渡以来，常怀京洛旧事”，《永遇乐·元宵》正是在这追怀往昔的情绪下创作出来的。京洛者，开封和洛阳，一为北宋都城，一为北宋西京，都是拥有深厚历史的古都，两座城的一砖一瓦、一花一木，都铭刻着太平盛世时的满目繁华、举城烟火，也铭刻着王朝衰败时的荆棘铜驼、遍野飞鸿。

宋王朝只剩下半壁江山，中原故土已为他人所有，南渡的宋人兀自念念不忘，倒未必是因为过去太平年月的生活完美得无可挑剔，那时多的是一地鸡毛的无奈、乌烟瘴气的混沌，但不管有怎样糟心的际遇，总归是有盼头的，日子可以一天天地过，想想明天，或许可以向好呢？但战乱来了，命能不能保住尚且难说，哪里还敢有盼头，多活一天都像是掷骰子，全凭运气。有了对比，从前的一切，人也罢，事也罢，城市也罢，忽然被赋予了特殊意义，都显得珍贵无比。当然，带着这种强烈主观色彩怀念的，倒也不止李清照一人。

南渡的宋人里便有一个孟元老，历经靖康之耻的锥心疼痛，他在一片刻意营造的中兴假象里，追思既往，感慨繁华隳颓，太平不再，到底是可惜，遂写下了《东京梦华录》，说是对北宋太平盛世的记录也可，说是唱给北宋覆亡的挽歌也可。

在孟元老的笔下，东京城像梦中的城市，凝聚了举世的精华，拥有人的热闹与物的丰富，仿佛那时没有人不爱东京。“八荒争凑，万国咸通。”孟元老这样形容东京城，至北宋末，东京城常住人口超过百万。这一百多万人里，除了皇室宗亲、官僚吏员、禁军士卒，更多的是寻常百姓。正是这些在历史上留不下名字的沉默的大多数人，营造了富贵气与市井气兼备的东京城。

著名的《清明上河图》，以五米多的巨幅长度、上千个各具情态的人物，细致入微地描画出北宋末年东京城的景象。就在那一年清明，东京城“沉默的大多数”跃上张择端的笔端，有郊游的、赶集的、卖酒的、担货的、撑船的，等等，他们在画里鲜活地存在着，一直活到千年后，今人赏画读书，首先看到的是那时的人，东京毕竟是人的东京。

人的东京，也应是李清照对东京最深刻的印象，后来她在《永遇乐·元宵》里，对东京元夕的描述，其重点亦落笔于人在节日里的活动，只是当时她乐于与人相处，现在心境苍凉，必须避于人后。

自宋哲宗元祐年间，李格非任职太学，至宋徽宗大观元年（1107年），李清照夫家遭难出京，十来年间，李清照一直居住在东京。

李格非升任太学正后，在东京置产业，于南隅辟出一室，其旁栽竹，名唤“有竹堂”，挚友晁补之为此赠文《有竹堂记》。在这篇文章里，晁补之描摹李格非每日“归自太学，则坐堂中，扫地置笔砚，呻吟策牍，为文章日数十篇不休”。好弄文墨的李格非，写作能力确然了得，挥毫之际，“如茧抽绪，如山蒸云，如泉出流，如春至草木发，须臾盈卷轴”。

果然是文思泉涌，一气呵成，有真天赋、真才能的人不惮于写文章，并能把文章写出花儿来。天赋原是可以遗传的，李格非的文学才干被李清照继承并发扬光大，后生可畏，青出于蓝，女儿的文名后来竟远远超过他。

想象李格非在有竹堂挥毫作文时，李清照或也随从落笔，宋代文人爱好以文会友，小小一间有竹堂，少不了聚拢起一帮文人，彼此诗酒唱和，争一争诗文鳌头，李清照会不会也参与类似的文人聚会？这种可能性不是没有。她虽为女子，然“自少年即有诗名，才力华赡，逼近前辈”，兼有“苏门”子弟晁补之竭力推荐，早在东京文人圈里闯出了名头。以女子之身跻身男人主导的文人圈，本是奇事，必有称赏者要见一见这位奇女子，与她唱和诗词。其中便有朱敦儒。

朱敦儒，字希真，两宋之交著名词人。其人志行高洁，虽是布衣之身，却素有名望，朝廷征召他为官，他却答复说："麋鹿之性，自乐闲旷，爵禄非所愿也。"学而优则仕，十年寒窗，孤苦食淡，只为博功名，一辈子熬到霜白染发，但凡能得一微末官位，书就算没白读。朱敦儒却不作斯念，官帽送到面前，他也弃若敝屣。

故而有人戏称朱敦儒是北宋"高富帅"，有钱、有闲、有才华，不吃公家饭也可以活得滋润潇洒。他屡次拒绝入仕，活出一派仙风道骨的出尘模样，学的是李白的仙气与陶渊明的旷达。他自称"清都山水郎，天教分付与疏狂"，那是何等狂傲不羁！

没有确凿的关于朱敦儒与李清照交往过程的历史记录，但他应与李清照相识很早，或者就在李清照长居东京时两人相识。

朱敦儒长期在洛阳纵情山水，同时在洛阳，尚有八位才俊，各具本事，被称为"洛中八俊"，朱敦儒因作词出众，遂列"词俊"之位。

而对洛阳，李清照并不陌生，父亲写有《洛阳名园记》，外曾祖母在洛阳养老，她应在洛阳游历过。朱、李两人到底是结识于古朴的洛阳城，还是相逢于热闹的东京城，我们并不清楚。但年岁相当的青年才子和才女，以文相交在情理之中。何况年轻时朱敦儒颇具不染尘世的仙气，想来也很对孤标傲世的李清照的脾气。

建炎南渡后，朱敦儒写有《鹊桥仙·和李易安金鱼池莲》，目前找不到李清照的原词。彼时宋室江山风雨飘摇，中原家国沦为废墟，在时代大变的浸染下，朱敦儒的词风变了，李清照的词风也变了，人生况遇也都变了。从前不肯捧笏朝堂的朱敦儒，成了所谓的中兴朝臣，无奈仕途上几次起伏，暮年匍匐于奸臣门下，落得个晚节不保的后代非议；原来生活圆满美好的李清照，已是家破人亡，孑然一身，一样遭着暗箭非议。两人此际重逢，会是怎样的百感交集？也不过是和一首词罢了，纵有千声叹息，也隐没在历史背后，无人知晓。

只是，这总让人幻想他们少年时的邂逅、相知、交游，会是怎样的浪漫光景。在那太平年月相遇，喝一爵酒，兴之所至，写一阕词，唱一段曲，词曲中全是关于青春的美好记忆，人是美的，物是美的，连哀愁也是美的。辛弃疾说："少年不识愁滋味，为赋新词强说愁。"那时知道个什么愁呢？与其说是愁，不如说是伪装成愁的矫情。

难道不是吗？少年人爱议论自己懵懂未知的事物，好吐纳苦闷，好放狂言，今天愁得上天入地不能消解，明天便要与神仙争短长。那时好吐纳苦闷的李清照，遭遇好放狂言的朱敦儒，多少会有些相投的志趣，晚年回头望，恍然过去的恣意倾诉，原来只是不知人世深浅的情绪宣泄。

痛到骨髓，是不能言；伤到灵魂，是说不出。遍尝沧桑，只换来一句："怎一个愁字了得！"

不过此时的李清照尚没有这些感悟，青葱少女，人生才刚刚开始，世界在她眼底是新鲜而生动的，就像她生活的东京城，锦地繁花，富丽堂皇，少有人会预见某一日大厦倾倒，万民横死，社稷成尘。覆巢之祸将临，人总是难以察觉，甚至有烈火烹油的繁盛景象遮盖了全部隐患。

那让李清照难以忘怀的东京元宵，正是当年最绚丽的一幕。每年冬至到元宵，宫城南门宣德门前御街搭起山棚，棚上竖起木牌，上书“与民同乐”，寓意皇恩普惠，君与民同享太平。棚下用棘刺圈起一片空地，名为“棘盆”，作为表演杂戏的临时露天舞台。那御街两侧的偌长御廊，也是人头攒动，“奇术异能，歌舞百戏，鳞鳞相切，乐声嘈杂十余里”。

于是，在这宣德门前，杂戏并陈，万姓欢聚，一时击丸、蹴鞠、踏索、仙人栽豆、鱼跳刀门、猴呈百戏、沙画地谜，齐齐上演，然后鼓、笛、箫、管齐发，声震云霄，又有元夕点灯之习，各样彩灯结接为一簇，“金碧相射，锦绣交辉”是为灯山。皇帝也会登临宣德楼，赏灯观戏，听万众欢呼“太平”，此乃真正的“与民同乐”。

东京人好热闹，爱过节，除了元宵至乐，尚有：三月游赏金明池；清明出郊踏青；四月佛诞日往寺庙浴佛斋会；端午备百物盛裹，迭相宴赏；七夕制各样人偶把玩，儿童着新装，妇女对月乞巧；中元节祭享先祖，焚燎明器①，等等。如许耍乐，不一而足。

生长在喧繁的东京城，受此氛围影响，李清照无疑也爱玩乐，在她的词作中，有很多出游玩乐的内容。如著名的《如梦令·常记

---

① 即“冥器”，此处指焚化给逝者的纸制器物。——编者注

溪亭日暮》，那是泛舟故乡历城的西湖；《庆清朝》写清明赏春盛况；《怨王孙·湖上风来波浩渺》，吟赏晚秋莲湖美景；再如《念奴娇·春情》，因天气不佳不能出游，惹出一腔怨悱伤情，却仍然殷殷期许天气转好，游春赏景的兴致终究不可灭。南渡后，李清照心境虽苍凉悲慨，逢着雪天，仍要顶笠披蓑，外出览景寻诗。便是伤怀感世的《永遇乐·元宵》，说的是如今无心于乐，背后隐含的意思却是：过去的我逢着元宵佳节是如何欢悦？只是可惜那番欢悦，再也回不来了，那满世界庆祝佳节的快乐，都和自己没关系，不如躲于人后，旁观别人的热闹，想着自己的落寞。

东京人又极爱花，《东京梦华录》有言："是月季春，万花烂漫，牡丹、芍药、棣棠、木香，种种上市，卖花者以马头竹篮铺排，歌叫之声，清奇可听。晴帘静院，晓幕高楼，宿酒未醒，好梦初觉，闻之莫不新愁易感，幽恨悬生，最一时之佳况。"玩疯了的东京人尚在酣梦中，清亮的叫卖声忽然穿墙跃入，惊了宿醉者的好梦，那梦里的场景已被忘了大半，人们竟觉怅然若失，春风携着缕缕花香悄悄飘进静谧的小院，莫名生发出淡淡的惆怅。

李清照日日置身于姹紫嫣红的花海里，爱花成了剔除不了的习惯，她的笔下，梅花、桂花、白菊、海棠次第盛开，她也像沉迷耍乐的东京人，好酒沉醉，一梦醒来，却仍惦记着昨晚上风狂雨疏，海棠花败了多少。

太平时代的东京，像一具文火慢烧的熔炉，缓缓锻造出千万人的各色梦想，至少某个时期，东京城在表面上尚具有海纳百川的度量。李清照少时生活的元祐年间，东京城文化名人齐聚一堂，她的父亲与当世文章宿老结交，赚来了赫赫文名，她也在其间崭露头角。

如果说《清明上河图》状摹的是东京城的市井烟火气，那么，另一幅名作状摹的则是东京的蔚然文气。

元祐某年，苏轼、苏辙、秦观、张耒、米芾、晁补之、黄庭坚等十六人集会于驸马都尉王诜家的西园，一时群贤毕集，各有各乐，有的捉笔而书，有的执卷观书，有的昂首题石，有的袖手侧听，遂由李公麟作画，米芾作记，称为《西园雅集图》。这是北宋文化史上的一件盛事，此图仿佛从电影中截取的一帧画面，将整个故事里最高光的瞬间保留下来。

那是“苏门”红极一时的年代，因王朝皇位更迭，力主变法的新党式微，旧党全面掌控朝局，晦暗丑陋的政治党争背后，意外衍生出了一段文化佳话。说是北宋文化最后的铿锵余音也好，说是文人圈习惯性的抱团取暖也罢，对历史来说，到底是不能随便划过去的一抹浓重色彩。

李家人作为“苏门”子弟，浸淫在“苏门”荣光里，面子荣耀，里子也光辉，总也少不了几分春风得意的风光，随从“苏门”，受着当红朝臣的照拂，李家走的是顺势，李清照的才名方能在人才济济的文人圈夹缝里开出明艳的花朵来。

实际上，无论是东京城，还是北宋王朝，那年月的运势都相对平顺，不间断的党争也没让王朝骤亡，不过是朝堂上纡金曳紫的掌舵大臣换了人，总也碍不了东京城的纸醉金迷。

时局仿佛静湖，偶有一阵风过，吹起涟漪，却吹不乱一湖美景，湖下波卷已如滚开的沸汤，可叹湖上泛舟游赏的人看不见。

靖康之难四十三年后，南宋乾道六年（1170年），范成大受皇命为奉使大金国信使，北上金朝致意，途中经过北宋都城东京，这时已是金朝的南京。关于这趟特殊的旅程，范成大特为此撰写《揽辔录》，以沉郁怅惘的笔调描绘了旧京模样。

范成大笔下的东京与孟元老笔下的东京，仿佛两张面孔，后者是梦中的都市——热闹、光鲜、富贵、逸乐，遍地烟火气；前者是现实的废都——荒残、暗淡、芜秽、寂寞，满目凄凉色。

“旧京自城破后，创痍不复”，范成大这么记述。金朝对东京的维护，只是崇饰宫阙，“民间荒残自若，新城内大抵皆墟，至有犁为田处。旧城内粗布肆，皆苟活而已”。眼前的萧索景象令范成大与随从官吏悲从中来，泪不能禁。仅仅四十三年，昔年坐拥百万人口的繁华大都市，已变作一片废墟，富丽堂皇的东京城景象果然像一场梦，梦醒了，城坍了，失去的辉煌是夕阳落山，终被暗夜吞噬。

兴盛需要长时间的建设与维护，而衰败只需要一瞬间。

“中州盛日，闺门多暇，记得偏重三五。”李清照怀想着过去的东京，那个在南渡宋人梦里千百次浮现的雍容帝都，曾经真实存在，她在东京度过了最美好的年华，与北宋文教的炽热余脉相遇，也与独属于她的温情相遇。

“铺翠冠儿，撚金雪柳，簇带争济楚。”元夕来了，女人们盛装出行，佩戴簇新的首饰，闪光的珠翠、头冠，精致的闹蛾、雪柳，袅袅满头璀璨，映着元夕的彩灯，越发明艳动人。

多年以后辛弃疾写元夕，笔下也有同样的景致：“蛾儿雪柳黄金缕，笑语盈盈暗香去。”无尽的欢乐世界里，却要在喧嚣中寻觅那一个人，经过了百转千回，数度彷徨，数番徘徊，恍然惊觉，“蓦然回首，那人却在，灯火阑珊处”。

那个人，可以是肉身的个体，也可以是抽象的信仰，后世对辛弃疾寻了千百度的那个“人”众说纷纭。元夕的灯火阑珊处，是藏着辛弃疾想念的人，抑或他难释的抱负呢？那属于李清照的东京元夕，一样的灯火阑珊处，藏着的又是什么呢？

第三章

婚姻

当年曾胜赏，生香薰袖，活火分茶。

——李清照《转调满庭芳·芳草池塘》

清代词人纳兰性德曾在一首悼念亡妻的词作中写道：“被酒莫惊春睡重，赌书消得泼茶香。当时只道是寻常。”大凡悼亡诗词，都具有相同的深情缱绻、哀思绵绵的调子，总有着“十年生死两茫茫”的怅恨与“曾经沧海难为水”的追思。擅长写情词的纳兰性德，既才情超拔，又遭遇惨愁，写悼亡词向来是他的专长，悼的是那故人，悼的更是人生际遇。

平凡人间的生活，不过是柴米油盐，安静厮守，虽极寻常，也极稳妥，你若不对此细加斟酌，竟不觉有多稀奇。世事翻覆，原来以为最寻常的生活却失离了，你方才品味出寻常人生原来如此珍贵。

词中的“赌书消得泼茶香”，典出李清照，说的是徽宗大观元年后，李清照随夫家自东京迁移青州，与丈夫赵明诚屏居青州寓所，夫妇嗜书如命，家中藏书甚夥，皓首穷经竟也不够了，他们常以读书为博戏。每日饭后，夫妇安坐于归来堂，彼此指着浩瀚书卷，以某事在某书某卷第几页第几行较量记忆力，谁能准确指明出处，谁方能先饮茶。因李清照记忆力超群，总是她赢得比试，奈何她每回拔得头筹，却不知到底是丈夫认输的窘态逗乐了她，还是争胜后怡然自得的开怀，她总也禁不住大笑，以至于茶杯倾覆怀中，湿了衣衫，反不得饮茶。

一生好胜是李清照有别于那个时代一般女人的性格，她与掌握文学话语权的男人较量才情，便是读书，也要与丈夫一争高低。

想来她不甘愿效仿当时的普通女人，她们端持礼仪，温软不争，只做男性背后无声奉献的贤妻良母。她与丈夫不仅是夫妻，还是同学，也是同行者。他们一同读书，一同研习学问，志趣既同，事业亦可一齐奔赴，故而有人言赵明诚的《金石录》，实际应是由他与李清照共同撰写的。

这便是李清照的“只道是寻常”，虽是寻常，也得有人配合，总要作为丈夫的赵明诚不以为忤，即使妻子与自己争胜负，他也不拿传统的妇道待她。古来擅长文墨的女人很少，不是因为女人不具才学，而是因为传统时代对女子读书的约束。读书为了什么呢？怡情养性是小，经世济国是大，谁才能经世济国？自然是男人。女人何须读书，约略识得三五字，懂得一二俗世道理，也就罢了，至于以文章争万世名，以经术立千秋功，那不是她们可以涉猎的领域。

历史上寥寥可数的女才子中，汉代有一位班昭，这位素有家学的著名女才子，久负文名，汉朝皇室特辟她入后宫教习女眷，被尊称为“大家”。其兄班固所撰《汉书》实也有她的功劳，她倒不争署名权，却写了一篇《女诫》，谆谆教导女子当秉持妇德，敬顺丈夫，曲从公婆，女子生来便是卑弱之躯，倘不守礼，恐要使宗族蒙羞。

倒不必苛责班昭的偏颇思想，那是大时代下的个人局限，社会现实是个人思想取向诞生的土壤，何啻班昭，也何啻《女诫》！历来《女范》《内训》一类的女子仪范文书比比皆是，纷纷规训女子要做一个恰到好处的“她”，只能是“她”，而不能是别的。但似乎李清照与这根深蒂固的传统规训有着某种出离，若说李清照未尝受传统社会风潮影响，恐不恰当，也太超前，但她的整个人格在嵌入传统塑模的女性形象时，总有一部分是清醒的、自由的。

也幸好，那占据她半辈子生活空间的丈夫，承认了她的清醒与自由。

李清照嫁给赵明诚是在宋徽宗建中靖国元年（1101年），那年，李清照十八岁，赵明诚二十一岁。“建中靖国”是个寓意深邃的年号，一如李、赵两家的联姻，具有某种不言而明的调和意味。

自王安石变法，文官集团因政争而互相攻击，被撕裂成新党与旧党。朝局一轮轮变更，两党你方唱罢我登场。神宗朝推行变法，新党得势，旧党被赶出中央机枢；神宗驾崩，继位的哲宗年幼，支持旧党的太皇太后高氏垂帘听政，对新党进行大清洗；八年后，太皇太后薨，哲宗亲政，重拾变法，旧党再次遭到打压。

政治局势反反复复，新旧两党斗得头破血流，互斥对方为小人，而己方是君子，因此君子和小人如冰和炭，有你没我，有我没你。双方坚持的是非黑即白的二元对立思维模式，原来和衷共济的处事模式不可取，宽恕之道更不可取，一朝得势，必要将对方彻底摧毁。

新旧党争愈演愈烈，起初尚是对国家政策有不同见解，过后却向着无差别攻讦一路滑行，与其说是政见之争，不如说是情绪化对立，好走极端，绝不妥协，执拗得天塌了也要将“小人”驱逐出“君子”阵列。

一则逸闻可为当时情绪化的党争佐证：旧党重归中枢，新党头目章惇遭驱逐，钱勰为中书舍人，所作贬官告词刻薄恶毒，后又在奏疏中痛责章惇，章惇甚为憾之。来日新党归来，旧党一概遭到斥逐，钱勰自然不能幸免。蔡卞为钱勰饯行，问起当日告词为何诋之过深，钱勰自谑道：“是鬼劈口了。”蔡卞又问他，既然第一次有过逾言辞，第二次为何又忍不住。钱勰笑道：“那鬼又来劈一劈。”

事后自嘲是鬼迷心窍，事中却全然无顾忌，非要把党同伐异的偏激行为进行到底。要说他们是否不明白过犹不及的道理，其实不是，可处在人人必须争个黑白分明的异常氛围里，你无法独善其身。

就是素以豁达通融著称的苏轼，他认为天下无一个不好之人，也不能避免被党同伐异的情绪裹挟。旧党得势时，苏轼书写贬谪吕惠卿的行词，用词深刻，当时士大夫的反应是“骇闻”，连同为旧党的范纯仁也说：“过诋惠卿。”后来苏轼遭贬斥，新党林希作行词，文字更见尖刻，纯是出于一腔报复之意。

而这只是那时撕裂对立的文官集团的普遍表现，无论是纷议朝政的谏章，还是贬斥谪官的行词，都算是他们的“小作文”。北宋文人最不缺的是斐然文采，一股脑儿都被用在意气之争上，满怀抱的奇文瑰句，可组织成流传后世的名篇，更可充作攻击政敌的刀斧。

一味地划分君子和小人，换不来一个清明世界，只会让朝局滑向深渊，面对文官集团的意气倾轧，头脑清醒的士大夫自救过，皇帝也曾努力过。

元符三年（1100年）十月，刚刚继位九个月的宋徽宗，发布了一道诏书，翌年改年号为“建中靖国”。诏书说：“朕于为政取人，无彼时此时之间，斟酌可否，举措损益，惟时之宜；旌别忠邪，用舍进退，惟义所在，使政事不失其当，人材各得其所，则能事毕矣。无偏无党，正直是与，体常用中，祗率大体，以与天下休息，以成朕继志述事之美，不亦韪（wěi）欤？”

新皇帝在诏书里殷殷告诉新旧两党，他对党派并无彼此新旧之分，只看举措是否得当，是否合义，他坚持“无偏无党”，希望党争平息，让“天下休息”，一同辅佐他这位新君。

这是一道著名的调和诏，而新皇帝的新年号“建中靖国”，更是寓意调和。“中”，中庸也，不偏不党，过犹不及。但凡眼不盲，都看出两党斗得过于难看，作为著名昏君代言人的宋徽宗，即位之初，一样期许他统领的文官集团和和气气。已斗成惯性的文官集团能不能领会皇帝的苦心，需要时间去检验。

就在这微妙的调和氛围里，旧党阵营中李格非的女儿，嫁给了新党阵营中赵挺之的儿子。

但细究起来，赵、李两家虽各属新旧两党，却与各自的对立派别有着千丝万缕的私人关系。从李格非存留的诗文片段来看，他与新党魁首蔡确、李清臣有交情，就算相交不深，至少他深赞蔡确、李清臣为人："邴吉勋劳犹未报，卫公精爽仅能归。"这是李格非《挽蔡丞相确》诗的残稿，斟酌这两句残诗，李格非对蔡确的评价与旧党的主流意见是大相违背的。

李格非诗里的邴吉是汉朝宰相，为汉宣帝承祧皇位，立下汗马功劳。卫公是指唐朝宰相李德裕，执政期间励精图治，可叹新皇登基，遭贬崖州，凄凉辞世。这两人合拢起来，正是蔡确一生的写照，李格非以古喻今，事实上是默认蔡确有定鼎之功，更为他的结局哀叹不平。

至于李清臣，李格非与他一向友善，李清臣病故，李格非还为他写过祭文，对他赞誉有加。不论是蔡确还是李清臣，对于他们，李格非的态度都是欣赏，而非立场先行地视其为仇敌。

蔡确最受旧党攻讦之处，是他自认是力撑哲宗继位的社稷功臣。不过，到底是自认，还是客观事实，新旧党各有说法。神宗驾崩之时，北宋朝局风雨飘摇。旧党说神宗早就默定哲宗继位，何须蔡确定策；新党却说，先皇崩殂时有他人觊觎皇位，是蔡确定鼎大局，斩断了他人的非分之念。

无论哪种说法，都关系着神宗母亲太皇太后高氏的脸面，旧党的说法维护了太皇太后的脸面，哲宗继承皇位顺理成章，意味着太皇太后垂帘听政合理合法；新党的说法却触犯了忌讳，假若皇位继承突生波折，置太皇太后于何地？是她有把皇位交给其他儿子的私心？

所以旧党当政，蔡确必然遭贬，又因"车盖亭案"，被远贬岭南，郁郁而终。“车盖亭案”是继“乌台诗案”后，北宋历史上又一出丑恶的文字狱，同样是文人写诗，遭人附会诗意为诋毁时局。

蔡确被贬谪安州，当地有一名胜——车盖亭，彼处水光山色，美不胜收，蔡确游览至此，触景生情，遂赋诗数首。这于平时诗文不离口的文人，本是寻常事，可汉阳知军吴处厚与蔡确有旧怨，将蔡确的诗收拢起来，一字一句曲解诗意，上奏朝廷，称诗意涉讥讪，尤其是暗讽当今太后。

“车盖亭案”牵连甚广，其中便包括赵明诚的父亲赵挺之。赵挺之因担任谏官，肩负“风闻言事”之责，却在蔡确的事上不发一语，因此被贬黜为徐州通判。

李格非欣赏新党头目，姻家赵挺之却与旧党宰相刘挚来往，承他举荐援引。刘挚儿子刘跂更是赵明诚的好友，赵明诚爱好金石，刘跂曾向其馈赠藏品，赵明诚的《金石录》成书后，刘跂还为之作序。

李格非、赵挺之与不同党派的人交往，其实也不是特例。撇开白热化的政见之争，新旧两党中有不少对头原为挚友，反目成仇者有之，终身保持情谊者也有之。苏轼反对变法，王安石当政时，数度抵牾，后王安石屏居金陵，苏轼自贬所黄州北返，特意赴金陵拜访王安石。两人结伴出游，纵情和诗，往昔嫌隙尽皆泯然，苏轼甚至想买田于金陵，与王安石比邻而居。同为反变法“排头兵”，黄庭坚与苏轼一样，承受着政局变迁带来的人生沉浮，却仍然称赞王安石是“一世之伟人”。

以某种标准（包括政治主张、地域环境、族群分类等）组成的人群团体，从来不是铁板一块。用非此即彼的视角看待派系，这样是把复杂的社会关系简单化，实际上各派系间会存在你中有我、我中有你的现象，就算被对立情绪裹挟，只站队不站对，也不能阻挡个体间的私人交往。

徽宗继位初期的整个政治氛围相对平静，不曾发生神宗驾崩与哲宗亲政时的风云突变，除了对徽宗入继大统持异议的章惇遭罢黜，中央朝局没有太大波动。皇帝盼望调和党争，文官集团内部也希望士大夫能既往不咎，而明面上归属两大派系的礼部员外郎李格非与吏部侍郎赵挺之结成了姻家。

不过，虽李格非、赵挺之两人皆与各自对立派系有来往，赵家儿郎娶了“苏门”女儿，赵挺之却极厌苏轼。赵挺之，密州诸城人，与李格非同为山东乡里。有种说法，赵挺之是熙宁三年（1070年）进士，正是王安石变法如火如荼时，说是迎合当权者也罢，说是有心革新时局也罢，他是从行动上支持变法的。

早年赵挺之担任德州地方官时，曾意图施行市易法，那时为他下属的黄庭坚竭力反对，两人发生龃龉。为此，苏轼不客气地评价赵挺之是“聚敛小人，学行无取”。后赵挺之入朝任谏官，遂对苏轼一类的元祐党人不遗余力地攻讦。这一方面有他的个人好恶，另一方面也有党争派系内部分化后的提纯需要。（元祐年间，新党式微，旧党内部分化为洛党、朔党、蜀党，苏轼为蜀党魁首，赵挺之贬苏轼，无非是为朔党充当前排打手。）

仅从《续资治通鉴长编》寻绎，我们能发现赵挺之论责苏轼的数篇谏章，凡苏轼举策题、行贡举、论朝臣，赵挺之皆要与之争，他斥苏轼“不忠不正，辜负圣恩”，自然也没有打落宿敌黄庭坚，他痛骂黄庭坚“恣行淫秽，无所顾惮”。凡能中进士者，才华自不必说，用此才华来骂人，敲骨吸髓，刳肝劏趾，头皮也给你揭下来三层，以致平日里好骂的苏轼禁受不住，大呼其“险毒”。

清代李渔的《闲情偶寄》曾言：“笔之杀人较刀之杀人，其快其凶更加百倍。”为什么呢？李渔解释说让人死的方法有杀和剐，杀只是一刀，剐是数十百刀，“死而不死，痛而不痛”，而文字杀人比剐更凶残。

一心研读圣贤书、信奉孔夫子教导忠恕之道的士大夫，内心到底存留多少忠恕之道，倒是很难说，但求名利、要富贵，竭尽钻营，尽管政治才能平平无奇，却总以为自己是帝王师，能致君尧舜禹。孔夫子说“学而优则仕”，记得铭心刻骨；孔夫子也说“吾日三省吾身”，却很少记在心上。所以这些士大夫极少反躬己过，因为我永远是正确的，我是君子，而你为小人，我要用文字做武器，与你殊死决战，最好是我一直广写檄文，而你，还是封口了好，这便是党同伐异的心理渊源。

对“苏门”极度仇视的赵挺之纳了“苏门”子弟的女儿做儿媳妇，更奇特的是，他还有一个推崇“苏门”文章的儿子，刚好这儿子娶了“苏门”子弟的女儿。除了叹一声“冥冥之中”，倒不知如何评价了。

赵明诚酷爱苏、黄（苏轼和黄庭坚）文章，即使是只言片语，也要收录。想象一下，亲父在奋笔疾书痛骂苏、黄不忠不义，儿子却在私下诵读苏、黄文章，亲父作何感想？也难怪坊间传他失好于父。因此当时人拿他比拟小邢，小邢指邢惇夫，其父邢恕是新党干将，而邢惇夫与父亲政见不一，黄庭坚曾有《忆邢惇夫》诗："眼看白璧埋黄壤，何况人间父子情。"后半句后来被李清照取用，劝讽公公赵挺之。

赵挺之一生，政务能力也算出众，而人品存在争议，有人赞誉他是正直有为的能吏，也有人谴责他是阿谀谄媚的奸臣，但因他深度卷入了党争旋涡，真实人格在党争视野下失了真，以旧党为核心的文人圈颇为鄙薄他的操守。

苏轼门下陈师道与赵挺之是连襟，据说陈师道晚年任馆职，冬月当奉朝命行郊丘礼，冬日苦寒，陈师道清贫，无重裘御寒，妻子向赵家借了一件寒衣。陈师道听说寒衣来自赵挺之，宁忍寒冽，绝不着衣，最后冻病而死。这算是"不饮盗泉"在宋朝的再现，就是这个傲岸的陈师道，连赵挺之家里的一缕一麻都厌恶至极，却与赵明诚关系良好。

绍圣年间，陈师道居彭城，给远在东京的赵明诚写信说，他得到唐代柳公权所书《唐起居郎刘君碑》与《汉重修高祖庙碑》，赵明诚遂向他求取拓碑。赵明诚好金石，可谓亲旧皆知，自少时便四处收罗藏品，颇多亲朋帮他搜集过拓碑书画。论亲谊，陈师道为赵明诚姨父，宁死不肯穿赵家衣，却肯为赵家儿子的爱好费心思量。

前文已述，即便以派系划分人群，人际关系也非死水一潭，父子好尚不同，兄弟取向互异，这在现实中，不为罕事。

爱好考据金石，喜读苏、黄文章，与父亲关系紧张的赵明诚，又是个怎样的人呢？赵明诚是赵挺之幼子，其上有两个哥哥，一为赵存诚，一为赵思诚，兄长们比之弟弟，出仕时间早，为官能力更强，而赵明诚的特长，不在做一个合格的官僚，而在金石考古。

在赵明诚十八九岁时，曾侍奉亲人远游，足迹遍及长江三峡，顺流至淮，再北上太行。行到淮东时，有个诗人谢逸写了一首诗送他，诗名为《送赵德甫侍亲淮东》：

茂陵少年白面郎，手携五弦望八荒。
皷帆侧柂转天末，瞿塘滟滪一苇航。
向来问字识扬子，年未二十如老苍。
林花蜚尽春事了，粲然一笑西山阳。
幅巾相从竟日坐，虚堂扫地焚清香。
人物已共远峰秀，谈辩更与薰风凉。
黄梅雨洗天界净，驱车出门指太行。
朝侯暮烹不足道，人生离别安得常。
丈夫许与重气义，儿女惜别徒惨伤。
观君潇洒负奇气，恐是天厩真乘黄。
愿言待价无速售，世间驵侩皆王良。

假设这首诗真是写给赵明诚的，而不是另一个也叫赵德甫的未知名者，我们便可以从这首诗中看到一个少年时期意气风发的赵明诚。不到二十岁却“如老苍”，可知他的成熟稳重，虽老练，却不沉闷，粲然一笑，光彩如灿阳，必定也是才气纵横，“潇洒负奇气”，仿佛天子厩槽里的“乘黄”，堪堪天下神骏。该诗末尾，作者希望这匹神骏不要着急把自己兜售出去，终有一日能遇到善御者“王良”，寄予了作者对赵德甫的厚望。

这样的“茂陵少年白面郎”，作者写来动心，读者赏来也动心，在出阁前，不见其人但闻其名的李清照也会动心吧！

那就当这诗真的是在描绘赵明诚吧，因为实在是不能想象，一个形象獐头鼠目、品行卑劣龌龊的丈夫，李清照会忍得下去。就像多少年后，当她受欺骗开始第二段婚姻时，她宁愿毁灭自己，也要结束关系。

关于李清照与赵明诚的姻缘，有一个传奇故事，事载元人伊世珍的《琅嬛记》。赵明诚少时，其父将为他择妇，某日赵明诚昼寝，梦中诵读书卷，醒来唯记得三句话：“言与司合，安上已脱，芝芙草拔。”他把梦境告诉父亲，父亲为他解梦：言与司合，是“词”，安上已脱，是“女”，芝芙草拔，是“之夫”，合起来便是“词女之夫”，意思是他要做擅长作文辞的女人的丈夫。

这个故事附会意味太浓，只可能是后人的想当然，不可能是当事人的真实经历，后人编造这段传奇，无非是想表达赵明诚与李清照的结合是命中注定，也就是佳偶天成，难说两人婚前就已情投意合，从此矢志靡他。

可在婚姻由父母之命、媒妁之言主宰的时代，赵李夫妇婚后再志同道合，也做不到婚前私相授受，只能说，这一对青年男女，在恰好的时间遇到恰当的人，既不是痴男怨女的非此即彼，也不是愚夫愚妇的搭伙过日子，故而不致婚后立马失和。

不过他们的婚姻确实充满了各种不寻常，甚至是意外。有一个对家公公，他极端仇视姻家的师承，偏偏丈夫却仰慕妻子的师承，若让想象力策马扬鞭，完全可以编一个俗套的男女怨情故事，两个宿仇之后，被上代恩怨阻隔，却要冲破一切樊篱结合在一起。

可事实并非小说家言，也许，赵挺之只是出于政争才需要力诋苏、黄，但他内心并没有他表现出的那么排斥“苏门”，所以他才能同意与“苏门”子弟结成亲家。再从李格非的角度看，他素以刚直不媚著称，若赵挺之人品当真如此不堪，他断然也不肯将女儿嫁与赵家。

如此可见党争的可恶，站队的可厌，完整的人被情绪化的对立派系撕碎了，各派系按着本派需求捡起两三碎片：这个人在本派眼里是温良君子，在对手眼里却变成了卑鄙小人，而真相是两者都是这个人，但都不够准确、不够完全。真实的人，既不该是极端的好，也不该是极端的坏。

李清照嫁到赵家时，赵明诚尚未出仕，只是太学生，从赵明诚后来的仕途经历看，相较于做官员，他更适合当学者。

北宋甚重学校教育，庙堂有太学，地方有官私书院，自“熙宁变法”始，太学扩展为外、内、上三舍，学生通过考核依次升舍，上舍生中的优异者，可直接授予官职，此即为“三舍法”。“三舍法”逐渐成为神宗以后选拔官员的重要途径，徽宗时，甚至一度取代科举考试，只以学校取士，虽为时短暂，却可彰显朝廷对太学的重视程度。

赵明诚那时应是长期居住在太学斋舍，按照李清照的说法，赵明诚每月初一、十五可告假归家，每每有假，先要去大相国寺逛集市，购买碑文果食，带回家与妻子“相对展玩咀嚼”。赵、李两家不是富贵门庭，夫妻俩都好读书，爱碑文书画，他们所好之物往往价值不菲，奈何财力菲薄，不得已质典衣物，勉力网罗心头所爱。

大相国寺是东京城的“中央商务区”，每月开放五次，供万民交易。其间百物杂陈，千货罗列，最受文人圈心仪的是大相国寺的文化市场，类似北京的琉璃厂，别的集市买不着的珍本、善本，寻不到的名家书画，都可以在大相国寺觅得踪影。如《枫窗小牍》作者袁褧记载，他家藏《春秋繁露》缺损两页，去寻别的藏书家所藏版本比对，都缺了两页，连朝廷馆阁藏书也一样不全，后来竟在大相国寺买到足本，真欢喜无量。

好尚文玩却又囊中羞涩的年轻夫妇，从家用开销中挤出的钱财大概都交到了大相国寺的商贩手里，但凡看见名人书画、三代奇器，必定“脱衣市易”，生活自然谈不上富足，但李清照觉得是“葛天氏之乐”。

葛天氏，上古帝王，治理天下，“不言而自信，不化而自行”，秉持的是无为之治。李清照用葛天氏寓意自己与丈夫嗜好文玩，尽管身无长物，家徒四壁，身心却是快乐的、自由的，仿佛上古淳朴之民，没有占有物质的执念。可未来历经挫跌，她又慢慢体悟出来，不是只有追逐名利财富才是执念，这种对书籍、对金石的占有，也是执念。

年轻时的李清照尚看不穿这层执障，她与赵明诚竭尽所能搜集“天下古文奇字”。赵家有亲旧在馆阁任职，馆阁分为馆（含昭文馆、集贤馆、史馆）与秘阁，这是宋朝的国家图书馆。通过这些赵氏亲旧的帮助，他们可以传写“亡诗、逸史，鲁壁、汲冢所未见之书”，这些资料多为市面上买不到的稀世文献。

某次，有人拿着南唐画家徐熙的《牡丹图》，向夫妇要价二十万，纵然是贵家子弟，要凑齐二十万钱，也非易事。夫妇俩珍爱此画，在家里把玩了两夜，终于还是无法负担这笔巨额开销，忍痛把画作交还回去，二人为此怅惋叹息了很多日子。

这是文人的矛盾：想坐拥天下好书，广罗世间文玩，却因囊橐萧然，不能实现以上愿望。要修饰堂皇可观的文化门面，必须为五斗米折腰，为权贵摧眉，如此，又违拗了圣贤遗训，落入蝇营狗苟的肮脏陷阱。读书讲积累，讲知识资源的拥有量，藏书五千与藏书五百，对知识的掌握是两个当量，但知识的累积需要金钱作为支撑，铜臭味难闻，可铜臭味能催发书香。贫穷少书读与多读书能跃升阶层，这是知识分子的千古困境。

尽管受限于清苦家境，不能事事如意，那仍然是属于李清照的“只道是寻常”，清苦而平淡，同时自由而快乐。她的后期词作《转调满庭芳·芳草池塘》中写道：“当年曾胜赏，生香薰袖，活火分茶。”词中的“胜赏”，未必是与赵明诚的同赏，却必定在追忆当年，是哪个当年呢？北宋王朝的承平当年，李清照自己的青春当年，属于千百万沉默人生的寻常当年。

当年，宋代盛行“茶百戏”，即以烧了几滚的熟水泡新茶，茶与水相激，再以汤匕搏击，茶面会幻化出各样景物，山川、虫鱼、花草，皆可在茶面隐隐浮现，纤巧如画，却是一霎形成一霎湮灭，这就是李清照所称的“分茶”。一瓯香茶，现出天地万物，却宛若昙花，乍起乍落；宛若人生，忽生忽死；宛若王朝，骤兴骤衰。

建中靖国元年，李清照做了赵家妇。同年七月，得承新朝特赦，从瘴疠弥漫的海南北返的苏轼，经过一年多的迁官与跋涉，停在了常州，终于走不动了。

新朝“建中靖国”之意，愿望大于现实，遐想多于行动。苏轼的北返，仿佛象征着“建中靖国”的美好愿景的推行；而苏轼的离世，却象征着“建中靖国”最终不能实现。

北宋集大成的天才文人病逝于归途中，预示着一个时代的结束，那在同时代人看来，寻常得像呼吸一般的太平生活，也要结束了。

“当时只道是寻常”，因为寻常，所以轻易就失去了。

第四章

词人

乃知词别是一家，知之者少。

——李清照《词论》

王国维在《宋元戏曲史》中有言："凡一代有一代之文学：楚之骚，汉之赋，六代之骈语，唐之诗，宋之词，元之曲，皆所谓一代之文学，而后世莫能继焉者也。"

词历来被当作宋代文学最具特色的文体，正如唐诗是唐代的象征，宋词也仿若宋代的化身。词的精致、婉转、深邃、多情的特点，就像宋朝国家性格的写照，少了点雄浑阔大的气象，多了些柔媚内敛的情调。

其实宋代不仅有词的兴盛，宋文、宋诗也正处于繁荣发展期，名家辈出，佳作万千，仅以今人编辑的宋代诗文为例，《全宋文》收文近十万篇，比《全唐文》多四倍；《全宋诗》收诗二十七万首，是《全唐诗》的四倍多。一言以蔽之，宋代文人是作文写诗的行家。

古贤有云："太上有立德，其次有立功，其次有立言。"文人研读圣贤书，所为何事？一生求此"三不朽"而已。三者中"立德"最难，需得有万世可表的德行，甚至成为圣人，"立功"也不易，小功小业不值得称为"立"，大功大业却又考量个人能力。前两者都要求积极入世，正如张载的豪言："为天地立心，为生民立命，为往圣继绝学，为万世开太平。"而"立言"，不管你是居庙堂之高，还是处江湖之远，也不管你的政治才能是强是弱，只要有话想说，便可成文。

魏文帝曹丕即便登临九五，也仍然对“立言”耿耿于怀，他在《典论·论文》里有这样一段著名的形容：“盖文章，经国之大业，不朽之盛事。年寿有时而尽，荣乐止乎其身，二者必至之常期，未若文章之无穷。是以古之作者，寄身于翰墨，见意于篇籍，不假良史之辞，不托飞驰之势，而声名自传于后。”

孔夫子早有教诲：“君子疾没世而名不称焉。”文人一辈子皓首穷经，苦心经营远大功名，不过是求一个美好的身后名声，做官做得再大，死后盖棺论定，可恨得一个丑谥，还被列入《奸臣传》或《贰臣传》，一生事业，都成了殷鉴和笑柄。

不知曹丕是否也有过对身后名的担忧，皇帝的身份掩不过篡位的指摘，他才会生发如许感叹：“不假良史之辞，不托飞驰之势，而声名自传于后。”隐含的意思似乎是，你们写的不作数，我写的才是我，我的声名由我做主。

曹家三父子皆能文，生花妙笔写出一片锦绣天地，把黑写成白，把奸写成忠，作过的恶都可被忘却，犯过的错都可被原谅。好文章像是具有自动过滤功能，把作文者的大小瑕疵筛得干干净净，留下一个被精巧文字编织过的真善美形象。

文章既是“经国之大业，不朽之盛事”，故而不得不写，不能不写。文章不仅能塑造与传播个人名声，还能“载道”，这个“道”，是儒家的道统，也是国家的正道。在很长的时间里，文章，包含诗与文，肩负了经邦论道的责任：史文以微言大义警醒后来者，诗赋以铺陈比兴讽喻后生辈。魏晋被称为“文学自觉的朝代”，曹丕身处巨变中，也仍然赋予文学在个人情感表达之外的“经国”职责。

但词不是，词在诞生之初，与经国大业和不朽盛事丝毫无关。与历史悠久的诗文相比，词的产生很晚，这个新兴文体，最早是用来做什么的呢？

李清照二十来岁时，写了一篇《词论》，这篇短小的文章，是关于词的最早的理论评析之一。她把词概括为“乐府声诗”，既是“乐府”，便是下里巴人的，又是“声诗”，便是唱出来的。总结起来，词是依声唱诗，源头可追溯到汉乐府，萌发于唐代教坊乐，渐兴起于晚唐五代，是宴会上佐酒的助兴小调，作词的是文人，而演绎词的是卑微的歌伎。

李清照在文章开篇讲述了一桩逸事：

> 开元、天宝间，有李八郎者，能歌擅天下。时新及第进士开宴曲江，榜中一名士先召李，使易服隐姓名，衣冠故敝，精神惨沮，与同之宴所，曰：“表弟愿与坐末。”众皆不顾。既酒行，乐作，歌者进，时曹元谦、念奴为冠。歌罢，众皆咨嗟称赏。名士忽指李曰：“请表弟歌。”众皆哂，或有怒者。及转喉发声，歌一曲，众皆泣下，罗拜，曰：“此李八郎也。”

这个故事既有趣，又蕴含深意，讲述了一个拥有天籁嗓音的歌者，隐藏身份参加名流宴会，起初被人轻视，最后一曲转喉，惊动人心，惹得满堂惊艳。

为人先抑后扬的李八郎，仿佛词的人格写照，不管曲调有多悠扬动听，词句有多清空古雅，依然是地位尘下。词与可在庙堂高声诵读的诗文不同，原是用作佐酒之娱，唱词者皆为身份低微的歌伎，如果说诗言志，词则言情。

宋人写词、唱词，对词的态度却始终暧昧不明。论诗，是载道之体；论词，则是艳科小技。擅长写词的欧阳修创作过许多露骨的艳词，但作为北宋文坛领袖、古文运动的推动者、儒学复兴的吹鼓手，他却不肯把词收入自选文集。词于他，不过是不登大雅之堂的游戏。

北宋文人普遍有一种矛盾心理：一面精炼字句写词，一面对词存有偏见。写，是忍不住的人类情感表达；存有偏见，是长期道德教化浸润下的自我审查。

欧阳修在《归田录》里记载过曾经的幕主钱惟演的一则趣闻：

> 钱思公虽生长富贵，而少所嗜好。在西洛时，尝语僚属言："平生惟好读书，坐则读经史，卧则读小说，上厕则阅小辞，盖未尝顷刻释卷也。"

钱惟演好读书，他根据不同的书体选择不同的读书方式。而这三种读书方式，隐喻着他对三种文体的不同态度：端坐读经史，躺卧读小说，如厕读短小的诗文。

王安石初为参知政事时，政务闲暇读到晏殊的词作，竟自笑道："为宰相而作小词，可乎？"他弟弟王安国回答说："彼亦偶然自喜而为尔，顾其事业岂止如是耶！"在座的吕惠卿急切地道："为政必先放郑声，况自为之乎？"

吕惠卿自然是在顺杆子谄媚王安石，人物间的纠葛矛盾，此处不赘述，但这则逸闻透露出当时人的认知，词是郑卫之声、靡靡之音，因而晏殊为一国宰相，沉迷于写作小词，着实不识大体。王安石批评晏殊为宰相写小词，轻鄙之情溢于言表，然他为宰相，一样也写词。

他倒不似欧阳修，欧阳修专在痴男怨女的爱恨情仇上用心，甚或写出眷顾十四五岁少女的词作，与其文学宗师的正经形象大相径庭。王安石撇开传统词作的闺怨题材，把笔端深入历史，横亘时空，气象浑厚，雄阔万端，譬如著名的《桂枝香·金陵怀古》，登高望远，怀想六朝历史，兴衰荣辱历历在目，对历史的悲慨与对当下的忧怀融合在一起，千百年来为读者赏叹不已。此词受到苏轼激赏，赞道："此老乃野狐精也。"

苏轼的比喻实在绝妙，苏轼的意思应是：唯一副剔透不沾世俗气的心肝，方能写出如此佳作。无论时人对王安石的政见有多少非议，都不得不承认王安石是才学一流的大家，可他的词遭了李清照白眼，李清照评价王安石"文章似西汉，若作一小歌词，则人必绝倒，不可读也”。简言之，王安石写的不是词。

在李清照看来，何止王安石，学究天人的晏殊、苏轼、欧阳修写的也不是词，而是“句读不葺之诗”。这还不够，为词创新声的柳永“词语尘下”，晏几道“无铺叙”，贺铸“少典重”，秦观“少故实”，黄庭坚“尚故实而多疵病”，又有张子野、宋子京兄弟（宋祁、宋庠）、沈唐、元绛、晁次膺辈继出，而“破碎何足名家”。能写词的文人几乎都榜上有名，只少了一个与她同时代的周邦彦。

宋徽宗于崇宁二年（1103年）置大晟府，大晟府作为国家的音乐机关，持掌雅乐，也掌搜集和创作词调，因皇帝的文艺爱好与众多词家的加盟，大晟府成了涵养宋词的摇篮。周邦彦于政和六年（1116年）主持大晟府，有皇家身份加持，周邦彦声名鹊起，到南宋时，他甚至被尊为宋词第一人。

李清照的《词论》罗列了众多词作家，独独没提周邦彦，可能那时他的名气不大，尚没有进入文艺批评家的视野，故《词论》或写作于周邦彦主持大晟府之前。

除去周邦彦，李清照对当时的词作大家各有评论，完妥无缺点的词作家，竟是没有，这让很多人为之恼恨。如胡仔在《苕溪渔隐丛话》里愤愤不平道：“易安历评诸公歌词，皆摘其短，无一免者。此论不公，吾不凭也。其意盖自谓能擅其长，以乐府名家者。退之诗云，‘不知群儿愚，那用故谤伤。蚍蜉撼大树，可笑不自量’。正为此辈发也。”

胡仔对李清照好感无多，把李清照的改嫁奚落为“传者无不笑之”，李清照点评词人，又被他挖苦为不自量力。李清照对各词作家的批评，当然有贬抑过当之嫌，但胡仔的意旨不仅是李清照的说法不公允，女人不配评词才是个中真意吧。针对李清照的《词论》，后代的抨击更狠毒，譬如清代人讥讽道：“第以一妇人能开此大口，其妄不待言，其狂亦不可及也。”

在古代社会，文学创作向来以男性为尊，女人是文学殿堂的边缘人，能给女人匀一点儿空间创作已是破格，闷头作两首闺情诗词，得到男性文人一二点拨，便已是莫大恩惠，胆敢指指点点，数落此人文字低俗，彼人不通音律，难道自认比他们都强？

不错，李清照是自认比他们强。李清照写有一首绝句《分得知字韵》：“学语三十年，缄口不求知。谁遣好奇士，相逢说项斯。”

项斯为唐代诗人，早年作诗鲜为人知，后得杨敬之赏识，赠诗一首：“几度见诗诗总好，及观标格过于诗。平生不解藏人善，到处逢人说项斯。”因杨敬之的援引宣传，项斯终于声名大噪。

李清照明说项斯，实说自己，她也想要有杨敬之为她广做宣传，使她文名遍天下，她才不要做藏在后院默默书写闺阁怨情的寻常妇人，她要与男人争衡：是你们的文字妙，还是我的笔墨好？

历来女性创作带有很大的沉默性，男性把创作当成“立言”之不朽追求，文章落笔也当传写四方，流播后世。而女性创作不敢传写，创作选材范围也很窄小，多为伤春悲秋的闺情，而对于历史规律、社会结构、人类思想等宏大叙事，仿佛女人天生与之都无关系，更不能理解。女人只能在深闺中书写小我惆怅，待完稿后，就该付之一炬了。“焚稿”，是女性创作沉默化的传统意象。

理学家程颐坚持作文害道，文是文，道是道，不可并存，与承载天地大理的道学相比，文章不过是玩物。程颐很尊重他的母亲，他说母亲好文，写过三十篇诗，但“皆不存”，母亲“见世之妇女以文章笔札传于人者，深以为非”。

程颐母亲的认知是那时人的普遍认知：女人可以读书，但不可以像男人一般写文章，写也罢了，还把文章拿给人看，那不是女人该守的本分。文章，在这里仿佛是女人的脸面、身体，除了家人，女人轻易把文章展示给外人看，轻佻放荡，就像在酒宴上唱小词的下贱歌伎。

但李清照不这么认为，她自少年便有诗名，承父亲挚友奖掖，在东京文人圈驰声走誉。女人不可将诗文传写流播，这于她是陌生的无用教条，既然她好弄文墨，父亲不以为忤，丈夫不以为错，她为什么要掩盖自己的才华？她之争雄心，是天生，也是养成。

李清照晚年创作《打马赋》，在《序》里宣言：“使千万世后，知命辞打马，始自易安居士也。”一篇为博戏所作的戏作，表面上看，纯是出于一片自娱之心，其中却隐伏着李清照的野心。

“使千万世后，知命辞打马，始自易安居士也。”不是一时兴起的随手弄笔，而是千万世的知名度，这正是男性文人的毕生热望，是圣人期许的“立德”“立功”“立言”，是曹丕的经国大业与不朽盛事，是张载的“继绝学”“开太平”。

李清照不能超越她身处的时代，却在时代的陈腐观念里燃起一点儿新鲜的火花，让那璀璨之色照亮历史的一片天，让当下及后代看见，女人的文章也能流芳千古，女人更可以立德、立功。

李清照有立言之志，被她用来立言的文体，却是男性文人轻视的小词。

好写小词，在坚守正统的文人看来，似乎是危险的举动。黄庭坚名重天下，僧人法秀呵斥他写艳词这一行为，黄庭坚辩解说："空中语耳，非杀非偷，终不至坐此堕恶道。"法秀却道："若以邪言荡人淫心，使彼逾礼越禁，为罪恶之由，吾恐非止堕恶道而已。"不过写写男欢女爱的小词，竟要下地狱，文字的罪恶重于戕害人命。

黄庭坚只是受言辞责让，欧阳修却是真的因写词招惹麻烦。政敌两次攻击欧阳修内帷不修，第一次是诬陷他与外甥女有染，第二次是诬陷他与儿媳妇偷情，并且以他的艳词作证据，依逻辑推演，诬蔑他是一个品德卑下的文人荡子。欧阳修被泼了一身淋漓脏水，虽不至于动摇他的士林地位，可他的拥趸煞费苦心，为了维护道德模范的正面形象，索性不承认那些艳俗小词是欧阳修所作。

其实自宋以来，文人一直尝试把词纳入正统轨道，让词获得与诗文平等的地位，嫌弃词又舍不得抛弃写词的文人，经过数番欲罢不能的心理交锋，前赴后继地对词的创作进行了革新。苏轼正是扛起词作革新大旗的先驱者。

词在晚唐五代兴起，于西蜀南唐成气候，比较而言，西蜀词风偏于绮丽雕琢，南唐词风更隽永深邃。南唐君臣皆工词，南唐后主李煜，更被誉为一代作词大家。北宋文人受南唐词风影响甚深，晏殊、欧阳修学的便是冯延巳，后代常将他们的词作混杂一团，分不清谁是作者，可见他们的词风多么相似。

南唐至北宋早期，词多为小令，特点是字数少、篇幅短。自柳永出，因他精通音律，能自制曲，创作了许多慢词长调，词的篇幅就变长了。柳永其人其词，士大夫都颇有微词，他一生浪荡，常年混迹于秦楼楚馆，与妓女恣情厮混，所写之词，多用俚俗之语、冶荡之音。

苏轼有回问秦观，为何去学柳永作词，所写《满庭芳》的“销魂，当此际”是“柳七语”。苏轼对此深以为病。柳永的词风，在士林心中，过于俗了，不被崇尚雅趣的文人钟爱，但柳永的才华毕竟不能忽视，苏轼也承认，柳永的某些词句有唐人气象。所以，李清照批评柳永“词语尘下”，这一评价是当时文人的共识。

自晚唐至北宋初中期，词一直在男欢女爱的畛域里打转，再是精心雕镂文辞，也只是为男女痴怨倾诉柔肠。但也有人认为词以曲笔抒怀，就像屈原笔下的美人香草，借着女子的口吻，抒发男人的家国之思、忠君之忧，实是具有双重意境。可从字面内容上看，词仍然不脱艳科小技窠臼，许多词创作出来，主要是为了娱宾遣兴，倒未必有多少深层寓意。

苏轼革新词，第一要紧是将词从绮靡艳风中解放出来。清代学者刘熙载在《艺概》中指出：“东坡词颇似老杜诗，以其无意不可人，无事不可言也。”这正是对苏轼“以诗为词”的最佳解释。诗能写之事、之物、之情，词同样可以写，词不应拘在情情爱爱的小圈子里，去那广阔天地看一看，大有可为。

苏轼那非凡的想象力，如卷地飓风，揣着词飞上文学的云端，去追怀历史、寄情友爱、歌吟田园、吟咏万物，无所不能生发情感，无所不可因情书写。元好问用“一洗万古凡马空”比喻苏轼的文字气象，苏轼作文纵横捭阖，千变万化，是凡庸想象束不住的绚丽光华。在苏轼的努力下，晚唐以来的浮艳词风渐被洗涤，因而时人赞美苏轼“指出向上一路，新天下耳目，弄笔者始知自振”。

可是，在当时与后代都被尊为文学巨擘的苏轼，李清照评他的词却是“句读不葺之诗”。对苏词的非议，并非李清照一家之言，陈师道就曾批评苏词“要非本色”。

《全宋笔记》里移录了一个故事，有次苏轼问一幕僚，他的词与柳永相比如何。幕僚是个谐趣的妙人，说出了一段生动的形容：“柳郎中词，只好十七八女孩儿，执红牙拍板，唱‘杨柳岸晓风残月’。学士词，须关西大汉，执铁板，唱‘大江东去’。”这话实有微讽之意，好在胸襟坦荡的苏轼不觉抵牾，反而“为之绝倒”。

苏轼嫌弃柳词，半生都在尝试荡涤柳永词风，可他总是不忘与柳永一较高下，柳永像埋在他心底的镜鉴，年与时驰，镜鉴还在原处，照出他希望文字独具一格的渴慕。这或是他的执念，抑或，在他潜意识里，他承认柳永的词比他的词更接近“本色”，他若超过本色，便成了本色。

何谓本色？也就是李清照说的“词别是一家”，李清照认为词不是诗，不是别的任何文体，词有自己的创作标准：一是协音律，二是典雅有情致。

苏轼词向来以不协音律为严守词之本色者诟病，晁补之竭力为苏轼申辩：“居士词横放杰出，自是曲子中缚不住者。”门下子弟对座师的维护之心甚是积极，但客观上实是承认苏轼的词确然偏离音律。

李清照对词之本色的坚持是文学上尊体论的表现。体，指的是文学样式，每种文体，经过漫长的创作实践，逐渐形成稳定而自洽的样态，都有自己独特的创作特点与价值功能。尊体就是守护每种文学样式的本分，诗是诗的样子，词是词的样子。词讲究音律和谐，雕刻精粹之语，寄予绮怨之情，而抛开音律平仄，拿词去咏史言志，故作豪言壮语，都是不成体统的破格之举。

李清照与苏轼等一心革新词体的男性文人不同，她虽认同词是俗文学，但词的下里巴人属性并不影响词的独立品格，也不阻碍词成为与诗文拥有同等地位的文体。从这个意义上，李清照是词的尊体者，苏轼是破体者。

李清照不同意把词与其他文体杂糅，主张词体的独立性，她创作的词也大多符合这一主张，所以世称：“男中李后主，女中李易安，极是当行本色。”这是对她坚持本色创作的肯定。

李清照近乎保守的尊体论，对当时词作家的点评，严苛至失之偏颇，可若认真推究起来，其实李清照自己也没完全遵从自己划定的标准。南渡之后，李清照受国破家亡情绪激荡，词风转为忧愤悲痛，一样无暇顾及雕琢音律，一样缺少典雅婉转的情致。不过，李清照早期的尊体论，若从她的性别角度出发看待，却是深中词体之肯綮。

自来作词者多为男性文人，由于词的传统风格，他们常常假作闺中音，虚传少女情，仿佛是捏着嗓子唱青衣，就算柳永词给人的观感是十七八岁的女孩执红牙拍板，唱“杨柳岸晓风残月”，但给这十七八岁的女孩写唱词的还是男人。男人写闺情，采用的是他者视角，女人在男人笔下，是玩物，是男性仰慕者，是指涉意境的象征符号，唯独不是一个拥有完整人格与丰富情绪的人。

最喜与女人纠缠厮磨的柳永，写女人也最多，他笔下的众多歌女乐伎，他活着，她们爱他眷他，他死后，她们葬他哭他，他会为某一个或某一群女子动心思念，某一个或某几个女子也为他柔肠寸断。

苏轼谪守黄州时，州守徐君猷礼待有加，每每宴请苏轼，便遣家伎奏乐佐酒。众多家伎里，苏轼最欣赏胜之，生出些异样心思，还为她作词以表柔情。多年后，苏轼与胜之相遇，胜之已嫁作他人妇，苏轼的惦念落了空，顿时掩面号恸，胜之觉得苏轼的悲伤莫名其妙，竟然大笑。苏轼深以为寒心，逢人就唠叨这事，提醒士大夫们，蓄婢要谨慎。

在古代社会，男性习惯掌控一切，他瞧上的女人，不管女人是否看上他，只能永远爱他，为他从一而终，这女人若琵琶别抱，便是无情无义，可将其作为反面典型到处宣扬，以为警示。那形于他们笔端的女人形象，唯是哀哀怨怨地爱恋某个君子，即使成了弃妇，仍爱得不能自拔。

古代擅弄翰墨的文人历来有两项专属技能：一是哭穷，二是扮深情。已续了弦，纳了妾，儿女成群，子孙满堂，也不忘记为过世许久的发妻写一首悼亡诗，聊表我对你难以割舍的蚀骨思念，你是我的曾经沧海。诗文流布四海，世人为此深情，都当掬一捧热泪，喟叹一声："真痴情汉也！"大抵古代文人之虚伪，在他们的笔端，多表现在一文不名的穷汉患上相思病，换个角度书写，则是美人对穷汉生发相思病。

世上当然有矢志不渝的爱情，也有求而不得的相思，但女人对情爱的态度，未必是男人形容的那般情态，那只是男人的意淫。好比他们对妇人不能与一切宏大相连的偏见：女人只能守在后院一隅天地，狭窄的视野里除了柴米油盐，只有"那一个"男人，他爱或不爱我，他在或不在我身边，于我全是天崩地裂的大事。

一心与男人较胜负的李清照，同样遭人扭曲她的情怀，人们笃定她的诸多词是为赵明诚而写，她的每一回未名惆怅，每一次醉酒沉酣，皆与赵明诚相关。

前面提过的《琅嬛记》，尚有这样一则故事：

易安结缡未久，明诚即负笈远游，易安殊不忍别，觅锦帕，书《一剪梅》词以送之。词曰："红藕香残玉簟秋，轻解罗裳，独上兰舟。云中谁寄锦书来？雁字回时，月满西楼。花自飘零水自流，一种相思，两处闲愁。此情无计可消除，才下眉头，却上心头。”

在这个故事里，这阕著名的《一剪梅》，表达的是李清照对赵明诚的思念，词里的李清照是传统的思妇，念着那个远行的他，盼他归来，望他返家，忧愁太浓，上了眉间落在心头，也装不满、卸不掉，真真无处可安放。

《一剪梅》到底是不是李清照写给赵明诚的情词，历史没有给出答案，后人的臆想便乘虚而入。

实际上，愁在眉间心上凝结，不是李清照的独创想象，她善于改写他人佳句，这种创作技巧在当时称为“隐括”。《一剪梅》的结尾用词源出于范仲淹的《御街行》：“都来此事，眉间心上，无计相回避。”如果李清照写作《一剪梅》是在思念赵明诚，那么，作为经典词句的原创者，范仲淹在思念哪个她？

不是说李清照不可以眷恋赵明诚，她在晚年写作的《金石录后序》中，以真挚笔触，描述她与赵明诚相知相许的温馨过往。国变后生离死别的痛惋经历，到她书写《后序》时，赵明诚已辞世五年，“今手泽如新，而墓木已拱”，哀思凄怆之感，力透纸背。那是真实的情感，虽极凄惨，点滴皆从心里流出，字字句句泣血而成，真真肝肠寸断，令人不忍卒读。

是故，李清照早期的词作，或者会与赵明诚有关，但不该是全部，男人可以在文字里假装情深义重，女人为何不可？

顽固地把作家的每篇文字与其经历结合起来，这是对文学创作的错认，意思仿佛是：没有直面过死亡，不能写生离死别；没有刻骨爱过，不能写爱情；没有捧笏朝堂的入仕体验，写不来历史故事。

生活经验为文学创作提供养分，让作品更具深刻关切现实的品格，但想象也可为文学开拓境界，上天入地，放笔逞意。凡人可去之处，文学可去；凡人不可去之处，也是文学能进入的领域。

在众多文体中，李清照选择以词驰骋她的想象，让单调的生活因为文学平添丰富的色彩，让传统社会里藏在后院的女人戴上文学的冠冕，走入前堂，走入文学史。

或是李清照看出词体具有女性特征，既然词多写闺情，与其让男人假扮女子传声，不如由闺中人自己为自己代言，最能贴合词的本色。于是李清照的词作，有思慕之伤，也有游春之喜、国破之痛，她以女性的视角，发出那个时代女性自己的声音。

时代大变下，文人可以用笔出声控诉，女人却很少发出声音，女人与沉默的大众，仅是史书上几行惨淡的墨痕，要靠着男人的书写，才在青史缝隙间隐现她们的身影。

幸好有个李清照，以其绝世之才、悲悯之心，一笔一字记录乱世飘零、山河破碎，使后代知晓一个女人身逢大厦崩塌，将会遭遇什么。

距李清照生活时代九百年前的东汉末年，同样出身官宦之家，同样身负才具的蔡文姬，记录下了汉末九原板荡、黎庶横死的人间惨景。千年已往，今人抚今追昔，既能看到男子笔下的“铠甲生虮虱，万姓以死亡。白骨露于野，千里无鸡鸣”，也能看到女子眼中的“城郭为山林，庭宇生荆艾。白骨不知谁，纵横莫覆盖”。

世事迁改引发的悲欢苦乐，不该只属于单一性别，也不该只由某一类人书写，凡身处时代狂流者，皆可记、应记，历史才不会只是单向度的呈现。

李清照把文学想象嵌入时代骨骼里，书写人间苦难，书写家国之恨，她与自己从前严守的词之本色渐渐疏离，恰是此疏离，拓展了作品的深度与广度，因为唯有与时代同呼吸、与万姓共命运的文学，才是真正伟大的文学。而与李清照同时期的女词人，却没有李清照涉猎的题材广泛，如身世不明、作品不明的朱淑真，她多写爱恨幽怨之词；再如魏夫人，宰相曾布的妻子，其才学声名一度与李清照并列，也只是在闺情的樊篱里琢磨字句。

把词当成正经文学创作的李清照，虽不及苏轼对词大刀阔斧的革新，但给词注入了别样的生命力，尽管她的传世词作不多，仍然形成了后世推崇从而效仿的易安体。

张端义在《贵耳集》中评说李清照的文笔有“间气”。所谓“间气”，秉天地之气，间世而生，也就是我们熟知的天赋。文学极讲天赋，有学养环境，有勤苦之志，有宿老点拨，但无天赋，仍写不得好文章。古往今来，写诗的人如过江之鲫，只出来一个神仙般的李白。

当然以上是誉词，且看时人的贬词，王灼的《碧鸡漫志》数落李清照："作长短句，能曲折尽人意，轻巧尖新，姿态百出，闾巷荒淫之语，肆意落笔。"话很刺耳，也有些过逾，却可从侧面反映李清照写词，多用巧思，能大胆运用民间口语，并不拘于雅词，李清照爱用俚语俗语，"用浅俗之语，发清新之思，词意并工，闺情绝调"。

辛弃疾就向李清照取过经，他写有《丑奴儿近·博山道中效李易安体》，起首第一句是："千峰云起，骤雨一霎儿价。"学的便是李清照的《行香子》："甚霎儿晴，霎儿雨，霎儿风。"而"霎儿"，正是宋时山东方言。

按常规的词派划分，李清照、辛弃疾二人，一个是婉约派词宗，一个是豪放派巨子，彼此效仿词风，似乎格格不入。但婉约、豪放的划分，过于粗率，并不能准确地概括词人的丰富风格。两派划分法，起于明朝张綖，他在《诗余图谱》里提出："按词体大略有二，一体婉约，一体豪放。婉约者欲其词情蕴藉，豪放者欲其气象恢宏。"

两派划分法大行其道，一众词人被简单粗暴地归类于婉约与豪放，实际上，一个成熟多产的创作者，作品风格会呈现多样化。苏轼被归类为豪放宗师，可他照样能写绵密婉丽的情词；李清照是婉约圣手，她也有慷慨悲歌的诵声。更何况有的作品，无论归于豪放派还是婉约派，都不准确。像辛弃疾的《摸鱼儿》，既有对历史兴亡的深重思考，又有对个人命运跌宕的哀怨慨叹，本不能简单归为某个单一风格。

李清照对创作有自己的独立见解，或者不够客观，不够精准，但她足够坦诚，也足够自信，她确信自己能创作出不同凡响的作品，流传“千万世”。

旧时代的文人谴责她的自信是“可笑不自量”“妄不待言”。如今，我们却能理解她，她是热爱文学的女性，有充沛的创作欲望，也能写出好作品，那原不是罪过，而是荣耀。在女性写作蓬勃兴盛的当下，越多女性写出越多优秀作品，越是显出李清照作为时代女性写作的不容易。

先人有言：“诗者，志之所之也，在心为志，发言为诗。情动于中，而形于言；言之不足，故嗟叹之；嗟叹之不足，故永歌之；永歌之不足，不知手之舞之，足之蹈之也。”

人类拥有复杂而丰富的情感，情动于衷，必要表达为诗歌。谁可表达？是男人，也是女人。

第五章

党争

要来小酌便来休，未必明朝风不起。

——李清照《玉楼春·红酥肯放琼苞碎》

建炎三年（1129年）冬，川蜀有个文人黄大舆，编写了十卷《梅苑》，辑录唐以来诸才子的咏梅之词，其中就包含李清照的五首咏梅词（原书是六首，然一首系名有误），分别是《清平乐·年年雪里》《渔家傲·雪里已知春信至》《孤雁儿·藤床纸帐朝眠起》《满庭芳·小阁藏春》《玉楼春·红酥肯放琼苞碎》。

到底这五首咏梅词是不是李清照的作品，后代有颇多疑问，鉴于黄大舆与李清照为同时代人，抄录活人的词作，伪造的可能性有多大？在没有找到确凿证据之前，我们权且认为这几首词为李清照所作。

如果把五首咏梅词加入李清照的现存词稿，在一系列咏花词中，咏梅是最多的选题，可见李清照对梅花情有独钟。就如这首《玉楼春·红酥肯放琼苞碎》：

红酥肯放琼苞碎，探著南枝开遍未？不知酝藉几多香，但见包藏无限意。

道人憔悴春窗底，闷损阑干愁不倚。要来小酌便来休，未必明朝风不起。

这首词以动态的笔触，上阕写出梅花将开未开、绽开飘香的摇曳风姿，下阕写人心的无限惆怅。作者呼吁：“要来赏梅请赶紧吧！万一明天起风了呢？”文字止于此，词意却没断，读者与词人一起担忧：风狂吹败了梅花，就再也看不到这梅韵了。

该词透露出作者对盛景不长的忧患意识，世间极致之美，总是短暂的，一时的烈火烹油，之后是长久的遍地狼藉。正为此词意，后代有学者试图将该词系年于崇宁年间，此时党争正酣，朝堂局势一派惊涛骇浪，昨日的补衮重臣，今日的边荒谪官，真如那风摧梅花，刚刚将满怀的风流蕴藉绽放人前，转瞬唯有一地残红。《玉楼春·红酥肯放琼苞碎》是否写于崇宁党争时，无据可证，但以此词来寓意党争年月，也不甚差谬。

新皇初立，曾有过建中靖国的调和愿望，却如昙花一现，刹那即凋谢了。

建中靖国元年十一月，起居郎邓洵武向皇帝进呈《爱莫助之图》，意思是皇帝欲绍述先帝（神宗）事业，而群臣没有襄助者。其图分为左右两列：左列曰“绍述”，绘蔡京、赵挺之、范致虚、王能甫等少数人；右列名“元祐”，绘一百多人，并向皇帝明确表示，非用蔡京不可。

对平息党争已处在摇摆怀疑中的皇帝，将邓洵武荒唐的进言放在了心上。

“建中靖国”的年号仅仅持续一载，翌年便改年号为“崇宁”。所谓“崇宁”，追崇熙宁。“熙宁”是宋神宗的年号，因此王安石变法又称“熙宁变法”，徽宗以改年号的举动，宣告朝廷从“持平用中”转为全面倒向新党。

崇宁元年（1102年）三月，在外任官许久的蔡京回京，徽宗给他的官职是翰林学士承旨兼修国史；五月，他升任尚书右丞（副丞相）；闰六月，始终主张调和的宰相曾布为言官所攻击，罢黜出京。

一线风波吹过朝堂，人事变动与年号更易形成双重警告，皇帝再不相信调和论，一场席卷全国的政治风暴已经起势。

崇宁元年五月与七月，朝廷先后两次籍记元祐党人，五月籍记五十七人，七月籍记十七人，李清照父亲李格非便在七月籍记的名单里，排在第六位。所谓“籍记党人”，就是罗列政敌黑名单，随着党争的深化，名单上的人数越来越多，原来只是元祐党人，后来又加上了元符党人，以及曾上书进直言者，或是当政者不满的对头，统统列名，一个不落。像那李清臣，原为新党，向来支持熙宁变法，也上了名单。事态发展至此，与原先的新旧党争，乃至与熙宁变法再没关系了。

仅仅一年时间，皇帝的态度便发生大逆转，个中原因值得深思，倒不必把锅全扣在蔡京头上。他本为投机分子，神宗推行变法，他投身变法一派，积极推行新政；旧党上台，他又积极废除新法，哄得司马光拿他当更化的典范，这般左右摇摆，谈不上任何政见立场，无非为保爵禄罢了。蔡京在徽宗朝虽位高权重，然四起四落，他的荣华系于皇帝，他的沉沦也系于皇帝，说到底，他不过是皇帝手中任意摆弄的棋子。

按照传统史论，皇帝本心总是纯良为善，皇帝是天子，天之子，承天地精华而生，禀赋超拔于凡人，怎会不识是非，不明黑白？所以皇帝做错事，不是出于皇帝本心，只是被奸臣蒙蔽，徽宗屡行昏事，必然是以蔡京为首的“六贼”（蔡京、童贯、王黼、朱勔、梁师成和李彦）挟君行恶。事实是在皇权时代，皇帝每次决策，每回定夺，多是自己的选择，是皇帝想“建中靖国”，也是皇帝想抛弃调和论，转向窒息性的政治压迫。

徽宗也曾有过平和中正的良好愿景，当初“建中靖国”时，在绍圣年间遭打压的旧党重入庙堂，可惜少有人领会皇帝的意旨，数年党争，党同伐异成了处事惯性，对立派别以喜恶相攻，理性、客观、中正通通不存在，从而造成了恶劣的政治生态。王夫之于《宋论》有云：“天子无一定之衡，大臣无久安之计，或信或疑，或起或仆，旋加诸膝，旋坠诸渊，以成波流无定之宇。”

刚得势的旧党才瞻仰皇恩的清辉，便马不停蹄地对新党进行疯狂反扑。如担任右正言的旧党官员任伯雨，仅半年时间就连上一百零八篇谏章，对新党一派进行不遗余力的攻讦。

旧党的出格行为渐渐惹来皇帝的反感。在皇帝心里，他才是掌控一切的主导者，下头人该是听话的绵羊，话太多，骨头太硬，刺儿太多，总是讨嫌的。皇帝后来宠用蔡京，正是因为蔡京很听话。让你“建中靖国”，你就该一团和气，既然不听话，那就毁了吧！

崇宁元年七月，朝廷再次籍记党人，统共一百二十人，由皇帝亲笔书写，镂刻上石碑，竖立在端礼门前，以警世人。这就是名闻历史的党人碑。

一百多党人，分为文臣曾任执政者、文臣曾任待制以上官、余官、内臣、武臣，李清照父亲李格非列名余官第二十六，李家座师苏轼列名待制以上官第一。党人碑起初只立于帝都皇宫门前，崇宁二年九月，朝廷下令将党人名单传写于地方州县，一样刊石立碑，以便天下臣民知晓。

崇宁三年（1104年）六月，元祐党人、元符党人、上书邪等者合于一籍，总共三百零九人，依然由皇帝亲书刻石，置于文德殿东壁。同月，再令蔡京书党人名目，传写四方，立碑州县。

徽宗与蔡京都是名标史册的大书法家，尤其是徽宗自创的瘦金体，以“屈铁断金”的艺术特色享誉后世。这一对具有极高文化素养的君臣，用雍容的艺术样式书写肮脏的政治黑名单，两者的奇怪结合有种诡异的意味。本是皇权实施政治压迫的丑陋记录，却可被当成书法作品欣赏，荒诞近乎魔幻。

北宋亡于靖康之难，表面上仿佛是外力导致亡国，而其实溃烂往往从内部开始，当党人碑立起来时，王朝命运之旅就已转向末路。

朝廷对党人的压制向着扩大化、深入化发展，势必要走向家族株连，先是规定党人子弟不得入京，后又严令不得入仕。这时，李清照的父亲入籍党人，家人都遭赶出京城，身为党人子弟的李清照，有没有也离开东京，就像有些分析认为的那样，与赵明诚被迫两地分居？

从常理推论，李清照虽是党人亲眷，但是出嫁女儿。一般来说，朝廷禁锢党人子弟不得为官，不得入居京畿，针对的是男性亲属，所以真实情况应该是，李清照得以暂居东京，却与父亲兄弟两相睽违。

此时的李家沉沦下僚，赵挺之却乘势而起。崇宁元年五月，赵挺之任尚书右丞。七月，蔡京授尚书右仆射兼中书侍郎（元丰改制后的宰相官职），从此开始他在相位上浮沉起落的特殊经历。是年八月，赵挺之任尚书左丞一职；崇宁二年四月，除中书侍郎；三年九月，除门下侍郎；四年（1105年）三月，授右银青光禄大夫、尚书右仆射兼中书侍郎。赵挺之的仕途水涨船高，终至宰相高位。

父亲落难，而公公高升，权势正盛，李清照为父亲向公公求情，先后写有两篇陈情诗文，全文不见，唯留两残句，其一为“何况人间父子情”。前文已述，此为引用黄庭坚写给邢惇夫的诗句，在时人眼中，邢惇夫可比赵明诚，两人都是新党子弟，而都偏爱旧党人物，失和于父亲。

李清照是在向赵挺之打“亲情牌”，请公公看在儿子儿媳的薄面上，为落难的姻亲薄施援手。赵挺之有没有回应，给了什么回应，没有记载，但结果是陈情诗文没有起到任何作用，仿佛一粟谷落入深海，溅不起一点儿漪澜，正如那坚固冰冷的党人碑，唯受着自然风霜剥蚀，人力却无可奈何。

试想李清照当时的心境，几多忧愤，几多忧虑，也有几多无助。她的哀戚之情，进不了权力的缝隙，在政治高压的大环境下，姻亲又如何？父子可成仇，兄弟可互斗，夫妻可反目。赵挺之不为李格非施援手，也许不是无情，而是大趋势下的不可为，更是不能、不敢。

对此，赵明诚的态度如何，李清照不提一字，也无别的记载，但赵明诚一直爱好苏、黄文章，价值偏向与父亲大不同。李清照后来记过崇宁年间，夫妻有过求画而财力不能支撑的憾事，从这事看出，纵然朝堂上风云突变，关上家门，夫妻仍旧过他们的小日子，过去好收藏爱读书，现在照样与收藏难舍难分，大抵夫妻关系并没因父辈分属不同阵营而变得恶劣。

只是，对苏、黄文章爱不释手的赵明诚，那时恐不敢轻易诵读苏、黄文章，若是固执持有，或要冒巨大的政治风险。崇宁二年四月，徽宗下诏焚毁苏、黄文集，连带“苏门”诸人如张耒、晁补之、秦观的著作，都被付之一炬，自此，对苏轼等元祐党人创作的禁锢持续至宣和年间。徽宗立朝二十年，这个满腹诗书的皇帝是文艺的多面手，却对同样的文艺多面手苏轼极端仇视，以致原来名满天下的苏轼诗文成为不准刊印的禁书。

为躲避“文字狱”的迫害，热衷写文也热衷编辑文集的文人，为了自己的文章能留存于世，忍痛对文章进行抠字眼似的修改，以撇清与元祐党人的关系。如苏轼的表兄文同，著有《丹渊集》，家人畏祸，把文集中的苏轼姓字一体窜改。

对苏、黄二人文集的处理，不过是政治迫害向文化领域的延伸，废弃的明是文章，实际是人，核心是因人废文罢了。被列为党人第一号头目的司马光，所著所写也在被禁之列，《资治通鉴》若不是有神宗亲笔提写的序，令当权派不敢毁弃，这部奇书恐怕已成历史传说了。

政治空气始终紧张，党人的书被焚烧成灰，党人被撵出京畿，撵往蛮荒边地。李清照第二次陈情公公，这次用语尖刻，全文也不存，唯留残句，是为："炙手可热心可寒。"

此句源出杜甫的《丽人行》，原是讽喻杨国忠："炙手可热势绝伦，慎莫近前丞相嗔。"杨氏一门攀着裙带关系，在玄宗时显赫当朝，然而一家之荣光掩盖不了国家之衰败，终至"安史之乱"，唐王朝由盛转衰。李清照拿杨国忠比赵挺之，大胆而犀利，倒不管公公脸上挂不挂得住。

李清照的陈情颇受怀疑，到底是为劝诫公公，还是为宣泄不满？并不因为赵挺之是公公，是长辈，她就要闭口不语，以忍辱负重之姿维持完美的妇道。敢言一直是李清照的作风，南渡后，她数度讥讽朝廷偏安，而今遭逢不公，当政的公公却和光同尘，不为正道倡言，她断断忍不下，必要发声，能不能得到回应不要紧，说不说话才是要紧。

然而，李清照心中显赫如杨国忠的赵挺之，登上宰相高位却只三个月，便即罢相。罢相是赵挺之求来的，他之所以坚持辞相，是因为他与蔡京之间有着不可弥缝的矛盾。

《宋宰辅编年录》叙述赵挺之对蔡京"屡陈其奸恶"，他看不惯蔡京也非一日。两人或者有过一段交好期，但很快就过去了，因立场、价值观的不同，最终必然走向决裂。

徽宗对赵挺之颇有好感，他虽然批准了赵挺之的辞相申请，却对他说：“愿俟重来，以熙庶绩。”这给赵挺之重归朝堂铺了后路。他又给赵挺之的三个儿子升官，赵存诚为卫尉卿，赵思诚为秘书少监，赵明诚为鸿胪少卿，除此之外，还赐第于东京府司巷。

赵明诚约两年前已出仕，初始官职不明，这次算是升官。然赵明诚非科举出身，他之出仕，多承门荫。皇帝对赵挺之的恩渥，不仅是对朝廷高官卸任后的惯常优待，或许也有皇帝的隐秘考虑。

崇宁五年（1106年）正月，一颗彗星划过赵宋的天空，仿佛一道锐利的刀锋，劈开压抑沉闷的政治空气。彗星竞天，古来被当成是灾变的征兆，讲究天人感应的古代中国人，认为天有异象，必是人有恶行。灾变出现，是人有何等恶行呢？细细思量皇帝继位这几年的表现，最大的恶行便是对异见者的迫害。

被灾变征兆震恐的皇帝紧急“避正殿，捐常膳。中外臣僚等并许直言朝廷缺失”，随后又下了一道诏书：“应元祐及元符末系籍人等，今既迁谪累年，已足惩戒，可复仕籍，许其自新，朝堂刻石，已令除毁，如外处有奸党石刻，亦令除毁，今后更不以前事弹纠，常令御史台觉察，违者劾奏。”

在全国各地矗立了四年的党人碑，因彗星过路，更因一道诏书，终被毁弃。紧接着，朝廷又追复党人官职，遭贬为白身的党人官吏，重新提拔进入公门，但许多党人已成枯骨，这道诏书是加在尸体上的皇恩，李格非也因此得到“监庙差遣”。

自此，早先对党人空前严酷的钳制渐趋宽松，大观三年（1109年），徽宗又诏“除元祐奸党及得罪宗庙外，余并录用”。

任何极端现象总有期限，往这边走多了，须往那边挪一挪，仰仗这个派系时间长，又会念想那个派系的好处，朝堂上一方声音呈压倒性优势，就得给另一方腾一点儿说话空间。北宋皇帝把这政治平衡之术称作“异论相搅”，靠着平衡之术，几代宋君稳稳地操持着朝政大方向，内部小团体扎堆纷争的文官集团，永远是被皇帝操纵在指掌间的黑白棋子，即便支持王安石变法的神宗，在大量征辟变法新贵时，也不忘记用几个反变法的旧臣。

因星变废毁党人碑，也许只是皇帝的一个恰到好处的借口。一方面，皇帝并不想一直实行党禁，毕竟党禁时间过长，社会潜藏过多不安定因素，对巩固统治弊大于利，在适当时候平反昭雪，尚能收拾还未完全散落的人心。另一方面，皇帝当初重用蔡京，是为党禁做人事准备，时日渐长，皇帝也对蔡京生出不满情绪。

星变发生后，徽宗召见赵挺之，说了这样一席话：“蔡京所为皆如卿言。”皇帝自己对蔡京有意见，却把赵挺之推到台前，称是赵挺之先见蔡京不良，皇帝不过是顺从忠臣谏议，于是皇帝顺理成章地罢免蔡京，并将蔡京所举之政“一切罢之”。

这是徽宗的狡黠，仿佛几年间朝廷施行的大小策略皆是蔡京的决断，真正做主的皇帝却被蒙在鼓里，“锅”扣在蔡京头上，皇帝则利落地抽身出来，清清白白，不沾尘埃。

蔡京罢相的当天，卸任宰相赵挺之除为尚书右仆射兼中书侍郎，第二次入居政堂。直到此时，再登相位的赵挺之才明白徽宗说“愿俟重来”的深意。

倒是可以大胆揣测一番，抑或，这更是赵挺之以退为进的谋算。《宋宰辅编年录》称赵挺之“多智”，那么早先他对李清照求情的不予回应，未必是不肯帮助姻亲，而是觉得时机不到，不可轻举妄动。做事无非是乘势而行，先要蓄势，势充足了，才可顺理成章推动下去，那走偏的朝局才可往正轨挪转一点儿。赵挺之不是毫无品行瑕疵的纯良君子，但也没有元祐党人认为的那般险毒卑鄙。

赵挺之担任京东路转运副使时，晁补之赠诗一首，赞誉他“清时忧国事，白首问民风”。在晁补之的诗里，赵挺之的形象俨然是忧国爱民的良臣，与他以往的口碑截然不同。

早年赵挺之任职德州时，恰逢宋哲宗继位，恩赐士卒缗钱[①]。德州郡守是个贪墨赃官，把朝廷的赏钱克扣下来，不肯及时发放，致使士卒惊怒哗变。乱兵手持白梃[②]冲入官衙，大小官吏慌得逃散无踪，唯赵挺之坐于堂上，向士卒问明诉求，一面尽发缗钱，一面惩治为首者，将一场风波从容平息。由此可见，赵挺之遇变时的危机处理能力。至少在政务职责上，赵挺之是合格的，并不是只会阿谀上峰、排斥异己的庸官。

人是多面的，能干有为而忧怀家国的赵挺之，与在党争中一力

---

① 用绳穿连成串的钱。——编者注

② 大木棍。——编者注

诋毁元祐诸君的赵挺之并不违和，身处政治场域，为攫取权力，为争夺利益，人性难免不被扭曲。苏轼也为此感叹：“长恨此身非我有，何时忘却营营。”明知追逐名利害人，却舍不得功名带来的耀眼荣光；说是身不由己，其实是舍不得利禄的自主选择。

赵挺之与刘逵分任左、右相，徽宗委政二人，在短暂的一年时间里，朝政相对平静，中外无大事，新上任的执政官改弦更张，“凡崇宁所行之事尽罢之”。于他人，此为向好的更张之举；于时任宰相，却是危险的信号。

皇帝对臣僚贪墨可以宽恕，对无耻可以善待，连卖国也可以忽视，但他绝不能容许专权，更不能容许对皇权的否定。遭人诟病的崇宁之政，皇帝把责任推给蔡京，可是皇帝心里清楚，自己才是幕后主使，将崇宁举策一切打倒，打伤的是皇帝的脸面。皇帝思前想后，相比赵挺之、刘逵，蔡京还是听话些。

崇宁五年十二月，刘逵遭罢相，一百日后，赵挺之遭罢相，翌年的大观元年，蔡京再入中枢。拜蔡京为相的制词如此说：“佐周王之辟国，无如召公；佑商后之格天，有若伊尹。”制词把蔡京比作襄助周天子的召公与辅弼成汤的伊尹，这至高无上的赞美远远超过蔡京本人的实际能力，皇帝通过这夸张至于失真的制词，向外界宣告，他终究更倚重蔡京。

二度罢相的赵挺之，心里很清醒，他再没有起复的可能，性命能不能保住尚且难说。莫大的郁愤累积在心头，旧愁排解不了，又层层叠加新愁，心理的抑郁引发身体的病痛，如山倒塌，终于压垮了赵挺之，他罢相方五日即撒手人寰，终年六十八岁。

宰相薨逝，皇帝亲临其丧，夫人郭氏向皇帝泣请三事，其中一事是请命朝廷给赵挺之的谥号带一“正”字。按照谥法，“正字”是美谥，若前面加一“文”字，并拢为“文正”，便成为最高谥号，范仲淹、司马光就得“文正”谥号，北宋一百六十七年，唯八个人得赐“文正”。面对郭氏的请求，皇帝的回答是：“待理会。”但依着皇帝的说话习惯，凡是说“待理会”，就是“不理会”。

三个字的敷衍回答，显出皇帝对过世宰相的不以为然，皇帝不肯加恩于旧臣，失了皇恩庇佑的赵家人将迎接弥天风波。

赵挺之临死前的忡忡忧心，并非杞人忧天，人是死了，对头却不会放过他，赵挺之才死去三日，蔡京就指使手下，在青州与东京分别置狱，将赵家子弟亲友一体锁拿，穷治其事，企图挖出赵挺之的天大罪证。

身在东京的赵明诚自然难逃牢狱之灾，身为赵家儿媳妇，李清照怕是也躲不过坐牢的劫难，就算女眷不在逮拿之列，一屋子男丁都锒铛入狱，前路生死未知，是如此可惧可骇。而当权者还在费尽心思炮制罪状，当年父亲落难，李清照还能去向公公求情，如今公公已死，赵家一门上下失了依怙，又能去求谁施援手？

七月间，经过数月查证，蔡京却查不出大罪行，罗织的罪名皆无实事。赵挺之此人就算有受道德君子非议的品格缺陷，但他的私人生活没有污点，为政生涯也无忤逆，查他的蔡京倒是每根汗毛都触犯刑法。可毕竟不能不给个说法，最后定的罪名是：“身为元祐大臣所荐，故力庇元祐奸党。”转了一大圈，重又回到党争的老路上。

赵挺之去世时，朝廷按照惯例赠官，七月定罪后，他的赠官遭到褫夺，所有身后荣誉都被朝廷收回，曾蒙朝廷恩典荫官的三个儿子也一起落职。

一二年间，人世翻覆仿若儿戏，去年还是丞相门楣，无限风光，转眼间举家沦为阶下囚，正如《玉楼春》所描摹的梅花，一霎绽放如怒，一霎被风吹败。

宋徽宗大观元年，二十四岁的李清照尝尽了党争的苦涩滋味，先是父亲入籍党人，后是夫家惨遭构陷，她被迫离开生活了十多年的东京，随丈夫东返青州老家。

从此，李清照再也没有回到东京，多年后，她在词里怀念东京，只字不提当初的苦痛。东京在她的记忆里，仍是美好的，如梦如幻，如诗如画，这是东京温良的一面，可东京也有丑陋的一面，就把那不好的一面抛到时间的深处，不再“温顾”，仿佛不曾发生。

很多苦，她都没说，因为不说，反觉更苦，因为无言的苦，最是伤人，也更让人感佩她涵容一切的非凡坚韧。唯其非凡之品性，方能在接踵的灾难来临时，提起一口倔强之气活下去。

第六章

归隐

不如随分尊前醉，莫负东篱菊蕊黄。

——李清照《鹧鸪天》

崇宁二年，身被党禁的晁补之，遭禁断仕途，隐居缗城（今山东金乡），于是买田筑室，修了一座归来园，自号“归来子”。

归来者，取义陶渊明的《归去来兮辞》，晁补之不仅整座园取名“归来”，还将归来园的亭台楼阁都与《归去来兮辞》联系起来，用他自己的话说：“一户一牖，皆欲致《归去来》之意。”

于是乎，堂前草木，取名“松菊”，源出“松菊犹存”；建一来风小轩，取名“舒啸”，源出“登东皋以舒啸”；立一水畔亭榭，取名“临赋”，源出“临清流而赋诗”；竖一高台，取名“遐观”，台中穿腹若洞，取名“流憩”，源出“策扶老以流憩，时矫首而遐观”。

晁补之将私人空间融入《归去来兮辞》，仿佛活在了陶渊明的文章里，与陶渊明异代呼应，自己便成了归隐东山、不为五斗米折腰的五柳先生。

然而这不仅仅是晁补之的执念，更是当时文人的普遍执念，还是千年以来横亘在中国文人心中的执念。陶渊明仿佛是传统文人心头的朱砂痣，一代代文人，吟诵着陶渊明的诗文，向往着陶渊明的田园生活，期望有朝一日成为陶渊明，最终却都没能成为他。

从某种意义上来说，传统文人是个矛盾体：一面遵奉着儒家的积极入世思想，要兼济天下，要立德、立功、立言，在历史上博一个美名；一面又在潜意识里珍爱着道家的“无为”，要远离尘寰，要抛舍利禄，把这一身皮囊归于自然。

史书上积极出仕为政的人是前者的典范，这样的典范多不胜数，是朝堂刻意树立的偶像，更是秉承“学而优则仕”的文人们世代效仿的榜样。而陶渊明是寥寥可数的后者的典范，而且是百代难出的典范。朱熹评说陶渊明：“晋宋人物，虽曰尚清高，然个个要官职，这边一面清谈，那边一面招权纳货。陶渊明真个能不要，此所以高于晋宋人物。”

在俗世中消磨大半生，被名利羁锁身心，无一日可做自己，不幸遭逢残酷的党禁，功业既成就不了，反成了困扼精神的利刃。为什么怀才不遇？为什么报国无门？为什么君心难测？为什么党争不断？诸多的想不通让文人们急需寻找一个解开心结的妙法。而陶渊明就是这个妙法，他将他们从名利深井里解救出来，不管是一时的效仿，还是长久的信奉，陶渊明都是引领文人精神世界的一面旗帜。

陶渊明崇尚自然，随遇而化，得失荣辱皆不执着，他为自己作《拟挽歌辞》，以旁观者的角度审视自己的死亡，所谓“死去何所道？托体同山阿”。凡人都怕死，而陶渊明坦然直面自己的死亡，如此超脱，如此通融。生死无关紧要，什么都无关紧要，世间的甘苦悲辛，再大的磋磨，再重的打击，都如云烟。这些恰是深陷在党争里的北宋文人最需要的救命药。

北宋文人里，最爱陶渊明者，无疑是苏轼，他几乎是狂热粉丝。他坚持自己是陶渊明的后身，爱陶成痴，一生创作了一百零九首和陶诗，他甚至宣称："吾于诗人无所甚好，独好渊明之诗。"

苏轼把和陶诗分送给亲友，诚邀亲友与他同赋，他不仅自己仰慕陶渊明，也希望更多人加入陶渊明的崇拜者阵营。因为苏轼大力倡导，在北宋文坛开创了和陶风气，这股热潮延至南宋，一身英豪气的辛弃疾也爱陶渊明，他的词作里处处见渊明，陶渊明已融入他的创作灵魂。

宋以后，理学渐成气候——重内省，求事功，薄无为，轻人欲，这是宋学的内核，可一生以经纶天下为己任的宋代文人，心里却藏着一个躬耕田园的陶渊明，他们向往归隐于远隔尘世的桃花源，很像是对自己坚持的信念的反动。

好为官的文人，却在千年的入世传统夹缝里，发展出独特的隐逸文化。在庙堂待久了，受了磨折，中了暗箭，遭了构陷，便要处江湖之远，这一身无用骨骸，终究要交付给天父地母。他们谨遵圣人明训，沉浮宦海，纠缠红尘，人欲多得像世间的深壑一样填不满，却要研习老庄，参禅学佛，为灵魂求一方极乐净土。可其实那参的不是天下大道，而是为自己无处安放的欲望寻找一处暂时的栖息地，说到底，仍是执念，这便是他们向往陶渊明却又不能成为他的原因。

"崇陶"风气在文人圈里传布，李清照也受到影响，她虽不像男人，因为官场失意，便在精神上寻求陶渊明排遣忧烦，可她也是党争受害者，看尽了纷争，尝遍了委屈，对朝堂上“你方唱罢我登场”的政治把戏倍觉寒心。不向流俗低头的陶渊明，是她在经受挫折后，能找到的最好的皈依。

自东京归返青州后，李清照将居室取名“归来堂”，又自号“易安居士”，“易安”同样来自《归去来兮辞》：“倚南窗以寄傲，审容膝之易安。”

男性文人酷爱为自己取雅号，以寄托情思，如苏轼号“东坡”，黄庭坚号“山谷”，王安石号“半山”，往往有着清风朗月的禅意，与宋文人多信佛不无关系。女人却很少自号，有个名字就不错了，何敢再添雅号？李清照却不这么认为，她不仅敢与男性文人争衡名山事业，男性文人拥有的一切文化表征，她也可拥有。

此后，李易安成了李清照的别称，后人为她编辑词集，评说她的生平与文学成绩，或书写追怀文章，只需提一声“易安”，人人皆知是李清照。

“易安”，意为容易安身，那安身之处，没有特定的地方。陶渊明之归隐，不是非得去人迹罕至的荒郊避世，要紧的是精神上的归隐，他在《饮酒》（其五）中表达了这种境界：“结庐在人境，而无车马喧。问君何能尔？心远地自偏。采菊东篱下，悠然见南山。山气日夕佳，飞鸟相与还。此中有真意，欲辨已忘言。”

“心”与“地”是一对相敌又相成的主客关系，倘改变不了客观环境，就让主观精神沉淀下来，哪怕身处闹市，车马穿梭，喧嚣绕耳，内心的宁静让精神脱离了尘世，你仍然是桃花源里“不知有汉，无论魏晋”的世外隐者。

李清照隐居青州，不是偏居乡野，也没有避于人外，但她以“归来”名屋，以“易安”名己，正是取法陶渊明“心远地自偏”的归隐真谛。

自大观元年离京东归，迄宣和三年（1121年）赵明诚赴莱州任职，李清照在青州住了十四年。这十几年的归隐生活，用她自己的话形容，是为：“甘心老是乡矣，故虽处忧患困穷，而志不屈。”脱离了惊怖纷乱的朝堂，青州的生活惬意而平静，正是前述纳兰性德词中所言“当时只道是寻常”，读书争胜，烹茶煮酒，集古藏器，当时虽极寻常，却是后来得不到的珍贵。

赵李夫妇对收藏的热望不减反增，原在东京已收集不少，来青州后，生活倒比东京之时优裕，是为“衣食有余”，有财力大量收罗，藏品便多得四处堆叠，一时间，案头、枕席处，都累起成山的书。夫妇便在归来堂建起书库大橱，分类归架、上锁，另备书簿一一登记名目。从此时直至靖康之难前，夫妇俩收集的书册器物总共有十余间屋，真真卷帙浩瀚。

但藏书多了，赵李夫妇望着满橱的珍本、善本，愈加珍爱，竟滋生患得患失的心态。以往藏书，是为读；现在藏书，却多为藏。如今要读书，先得请来钥匙开锁，再取出书簿目录，读哪一册便登记哪一册，仿佛现在的图书馆做借阅登记，若是不慎损污了书，便要受惩责，勒令那污书者涂改揩净，这让李清照觉得很不自在。

书不得不藏，也不可不读，李清照的策略是再收副本，即多收一套书。奈何受限于财力，她打算“食去重肉，衣去重采，首无明珠翡翠之饰，室无涂金刺绣之具”。生活过得清苦些，却能把买书的钱节省出来。之后遇到文字不缺失、版本无讹误的好书，便买两套，一套收藏，一套用来自由阅读，哪怕涂涂画画，折了页、污了字，也不会受罚。赵李夫妇的众多藏书中，文字最齐备、版本最善者，是《周易》《左传》。

为了藏书，李清照去了装饰，弃了彩衣，舍了口腹之欲，撤了钟鸣之欢，与物质享受挥手告别，可她不以为苦，反而以为“乐在声色狗马之上”。

凡是爱书者，读到李清照追忆藏书的文字，皆会心有戚戚。读书人爱书，为了书，可生死赴之，只要遇到好书，必要收归己有。藏了五千，又想藏万册，万卷在屋，又觉两万实也不多，于是越收越多，小小陋室放不下，堆去餐室卧内，日常与书共饮食，与书共枕眠，不正是李清照说的：“几案罗列，枕席枕藉。”

都道是“书非借不能读也”，实际是书非囤不能读也。别人的书借来一阅，终究不敢造次，涂不得，画不得，若是不慎沾染些污垢，更是窘愧，因此自己的书读来才得乐趣，更得自由。李清照为了藏书，囊空如洗，可贫苦没关系，避世没关系，被人误解没关系，身后无名没关系，有了书，便有了整个天下。

可是书与其他物质本质无二，一样是身外之物，生时不来，死时不走。当初着魔似的藏书，使人为物所制，本是该破的执念，多年后李清照终于参悟了这个道理，却已是散尽收藏。

很多道理看似寻常，却得在寻常已失后才能领会，这仿佛是人生的荒谬，拥有时不明白，等你明白时，已不再拥有。

李清照屏居青州时，父亲李格非从党禁中解脱，也回到山东老家，据现存金石拓片显示，大观二年（1108年）三月，李格非曾随齐州官长游佛慧山，可知他此时在齐州（今山东济南）。青州和齐州相距不远，父女应有往来。有可能在这个时候，李格非创作了《历下水记》，记述历城的水泉瀑流，类似《洛阳名园记》。据当时人叙说，历下水泉有三十余所，处处奇景，李格非的这篇文章“叙述甚详，文体有法”，可惜已不传于世。在这之后，有关李格非的记录便缺失了，李清照在著作里也没有提起父亲的结局，因此我们无法知道李格非活了多久，是否死于靖康之难前，未尝经历惊天大变。也许真的在国难来临前，他的生命就停止了，尽管他经历了酷烈党争，仕途坎坷，一生好弄文墨，却没有多少诗文流传后世，至少在他活着时，眼里是承平世界。

生于太平，死于太平，于普通人，何其幸运！

平静生活也能蕴蓄诗情，李清照在青州的十余年，到底创作了多少诗词，无从知晓，但《词论》或就创作于这一时期，她在认真地思考何为词，何为词的本色，并用创作实践去呼应自己的创作理论。

李清照有一联诗歌佚句：“诗情如夜鹊，三绕未能安。”这化用了曹操的《短歌行》：“月明星稀，乌鹊南飞。绕树三匝，何枝可依？”李清照的意思是澎湃的诗情如乌鹊，盘桓无依，不知该往哪里落脚，也不知该如何组织妥帖语词。

创作灵感迸发时，一阵风、一场雨、一次邂逅、一霎顿悟，都会触发下笔成文的冲动。有想法是第一步，第二步是落于文字；第一步是源头，第二步是承继源头的大江大海。毋庸置疑，李清照的创作灵感超乎常人，她能于寻常中见不凡，虽造语平淡，而有撼动人心魄之效。

这里又要引《琅嬛记》里的一个故事，在故事里，赵明诚是天才妻子的对立面。真假不论，我们却可从中推演出合适的道理：天才的作品得自天生，凡人冥思苦想而不能得。

> 易安以《重阳·醉花阴》词函致明诚。明诚叹赏，自愧弗逮，务欲胜之。一切谢客，忘食忘寝者三日夜，得五十阕，杂易安作，以示友人陆德夫。德夫玩之再三，曰：“只三句绝佳。”明诚诘之，答曰：“莫道不销魂，帘卷西风，人比黄花瘦。”正易安作也。

这个虚构成分极大的小故事，赞美了李清照的天赋，戏谑了赵明诚的才具不足。考量记忆力，他输给妻子；比较作词，他还是妻子的手下败将。

赵明诚是一流的考古学者，但在文学方面，还是差妻子一些，到底术业有专攻，能做大学问，未必能成文学家。故事里赵明诚表现出的执着求胜，现实中大概率不会发生。明知是南墙，还要撞上去比硬度，赵明诚不至于如此迂拙。

周辉的《清波杂志》记录了一则类似的逸事：“顷见易安族人，言明诚在建康日，易安每值天大雪，即顶笠披蓑，循城远览以寻诗，得句必邀其夫赓和，明诚每苦之也。”

《清波杂志》写于绍熙三年（1192年），距李清照在建康觅诗已过去六十多年，李清照同龄的亲戚只怕都作了古，周辉口中的“易安族人”只可能是亲戚的儿孙辈，因此这是个经过两手以上传述的故人往事，真实度要打折扣。

此逸事与前一个故事相比，有相似，有不同。相似的都是比较夫妇诗才；不同的是前者赵明诚积极投入文学创作，可惜能力不足，后一个故事里赵明诚并不想作诗，但妻子痴迷于文学，强拉他与自己和诗，这令他很为难。

哪个故事更符合真实历史呢？可试着从两人的兴趣入手探讨，李清照痴迷于创作，而赵明诚一生痴迷于金石考古，赵明诚的传世作品，除了《金石录》，没有一首诗，也没有任何史料佐证他有诗才，也许是他确实不爱弄翰墨，或因兴趣不在这里，或因能力欠弱。

不过，清代成书的《福建通志》记叙了后来移居福建的赵家人的概况，如赵挺之两个儿子皆为进士出身，后边的一句却是：“弟明诚亦有文学。”赵明诚不是不能文，他临终之时援笔作诗，足证他也能赋诗作文，只是与天赋异禀的妻子相比，他差之甚远，在群星璀璨的北宋文坛上，更是泯然不能出众。

夫妇在文学创作上达不成共识，在金石考据上却兴趣一致。一部《金石录》，前有赵明诚自序，后有李清照的后序，二者组成让后人浮想联翩的完美结合体。

十余年的隐居生活，消磨不了李清照的诗情，也蹉跎不了赵明诚的考古热诚。赵明诚出游过数次，访碑求古，所去之地大部分也不远，不离青州周遭。综合文献记载，他曾五登仰天山（后两次实为一次出游两轮登山），三访灵岩寺，每次皆携友同行，留下六处摩崖石刻，经千年风蚀，刻字漫漶，仍可依稀辨认出赵明诚的笔迹，这是研究李赵夫妇生平的珍贵史料。

仰天山位于青州西南，地属今潍坊市临朐县，山峦叠秀，古木森森，其上建有文殊寺、罗汉洞、佛光崖等名胜。其中尤以罗汉洞最可称奇，那罗汉洞内安放一千零八十尊铜佛，洞顶南侧有一石隙，仰可观天，仰天山便得名于此。每逢月圆夜，月光自隙缝中倾斜而下，光华铺满罗汉洞，景致奇绝，令人叹为观止，此乃“临朐八景”之一。

赵明诚五登仰天山的时间分别为：大观二年重阳、大观三年端午、政和元年（1111年）中秋、宣和三年四月二十五、宣和三年四月二十六。

与之同游的侣伴每次不同，有兄长赵思诚、妹夫李擢、妹夫傅察、姨弟谢克明等，这些赵明诚的亲眷将来还会出现在李清照的生活中。

灵岩寺距青州也不远，在今济南市长清区，它始建于东晋，盛于唐代，是佛教名刹。灵岩寺有唐代书法家李邕的《灵岩寺颂碑》，赵明诚将其记入《金石录》卷七。

赵明诚三访灵岩寺的时间为：大观三年九月、政和三年（1113年）闰四月、政和六年三月。他于政和三年四月六日过灵岩寺，两日后又登泰山，同样在泰山留下摩崖石刻。

以上九次游历为迄今能找到的赵明诚屏居青州的行迹记录。同一个地方，赵明诚一去再去，不仅是为了佳秀的风景，更为了风景中包罗的历史遗迹。

好事者不禁要发问：赵明诚外出时，李清照在做什么？他们笃定李清照在写情词，篇篇皆在思念外出的丈夫。像那首著名的《醉花阴》，便是李清照相思难挨，情难自禁，写词寄给远行的丈夫，她用文字告诉他，她想他蚀骨，以至衣带渐宽，“人比黄花瘦”。

赵明诚是否给予回应呢？据说，李清照舍不得赵明诚离家，屡屡挽留，赵明诚有次去灵岩寺访古，李清照寄词表相思，赵明诚心下不忍，方留宿两日，便急匆匆去而复返，赶回家慰藉他的爱妻。

这般痴男怨女的言情故事，颇能满足一众未谙世事的小儿女的爱情幻想，但这个臆想里的李清照生得一副柔弱的传统闺阁妇人模样，却不是那个果决、坚韧的李清照。当赵明诚刚刚身亡，自己病体违和时，她惊闻金军渡江南下，在大变来临之际，还能冷静处理身家什物，明智地选择一路追随圣驾避祸。

她的忧思也许是为赵明诚而发，也许不是，抑或矫饰的情感，一点儿未名的惆怅，被夸张成天大的愁苦。譬如那声叹惋“千万遍阳关，也则难留”，对离人的纠结心思未必是针对现实中某个具体的人，甚至可能是观瞻别人的故事，抒发自己的情怀。

作家最善于伪装情感，在文字的世界里，他们是说谎高手，他们也写自己的生活，表达真切的情感，却难免添枝加叶，何况是纯出于想象的虚构作品。因此，用作者作品与他的个人经历做对比研究，要加倍小心，不是他的每篇作品都是真实生活的写照，固执地把作者的只言片语都挂系上人生经历，按时间顺序严格排谱，那是极端索隐派的做法。

宋人的好文，不仅体现在好写正经八百的诗文与浮艳绮丽的小词，还好记笔记，凡宫闱秘闻、闾巷传说、自己的趣事、他人的八卦，宋人皆率意落笔。因各样的写作视角，不同人在不同作者笔下会呈现不同面貌。公认的祸国奸臣蔡京，在他儿子蔡绦《铁围山丛谈》的描述里，是一副忧怀家国的忠臣模样，在蔡绦的描述里，作恶的总是别人，反正不是亲父。洗白的成功与否不论，但对后人审视历史的多样性，这也是某种发人深省的参考。

一本正经的史书都会处处见春秋笔法，讳笔、曲笔甚或不顾事实的丑化、粉饰都无法避免，何况带有强烈的私人情感的文学作品，绝对的真实在文字的世界里不存在，相对的真实也要打个问号。宋代人自己宣称：“文章纯古，不害其为邪；文章艳丽，亦不害其为正。然世或见人文章铺陈仁义道德，便谓之正人君子；若言及花草月露，便谓之邪人，兹亦不尽也。”文可能如其人，也可能与其人截然相反。

谨慎斟酌文字的两面性，不要对李清照的作品做过度解读。她是杰出的词作家，她拥有纤细绵密的心思，她与丈夫或是真如后人想的那般相知甚深，也曾有过丝丝缕缕难言的烦恼，为此烦恼作词寄托，但不意味着丈夫出游数日，她便痛苦难耐，也不意味着她写下的一字一言都为丈夫而发。这样的解读，看似是对李清照的共情，其实充满了偏见，仿佛女人的全部生活都只围绕着一个“他”，除了爱情，再没剩下什么。

今天的读者，不如抛开索隐派做法，仅从文学的角度欣赏李清照的佳作，那词中的相思别离、伤逝感怀，即便与她的私人情感关联甚少，却依然鲜活生动，依然触动人心。

清代词评人陈廷焯在《词坛丛话》中如此声言：“李易安词风神气格，冠绝一时，直欲与白石老仙相鼓吹。妇人能词者，代有其人，未有如易安之空绝前后者。”

陈廷焯对李清照的词也不是一概称美，受到诸多文学评论家推崇的《声声慢》，他就对此不以为然，认为起首十四叠字“寻寻觅觅，冷冷清清，凄凄惨惨戚戚”，不过是“造语奇隽耳”。但这一句“空绝前后”，可谓至高无上的赞美。“空绝前后”的李清照能名传后世，让无数人前赴后继地学她、思她、评她、论她，靠的是她自身的杰出才华，而不是她的感情生活。

在青州的十四年，空闲时间多，李清照应创作了大量诗词，可惜她的作品存世不多，大部分都散佚了。那十几年，本是她一生最闲适的时光，仿佛是夕阳落山前的绚烂景象，过了这个黄昏，黑夜便要来临。

政和四年（1114年）秋，李清照三十一岁，赵明诚为她的肖像题词。这幅画因存在衣装不类宋人、藏画地点有误等疑点，被颇多学者认定是伪作，画作或有原本，被好事者临摹时涂改，或本就是托古伪造，暂且搁置考据，却来看看画上赵明诚的题词，自有意趣：

> 清丽其词，端庄其品，归去来兮，真堪偕隐。政和甲午新秋，德父题于归来堂。

“清丽其词，端庄其品”，是对李清照品貌与才学的形容，赵明诚肯定妻子是作词能手，若此题词为真，那么，别的故事里，欲与妻子的文学才能争锋的赵明诚就不会存在。

“归去来兮，真堪偕隐”，赵明诚认为李清照是可以相偕归隐的伴侣，十几年屏居乡里，李清照不嗜荣华，不施粉黛，不悦声色，唯爱读书，守得住清苦，耐得住寂寞，像这样的伴侣，不是“真堪偕隐”，谁又是呢？那个时候的赵明诚与李清照是真正地热爱归隐生活，无喧嚣扰耳，无嘈杂烦心，凡尘的羁縻都可置之不理，精神能获得极大自由。

李清照的《鹧鸪天》写于某年暮秋：“不如随分尊前醉，莫负东篱菊蕊黄。”词的语调低沉哀婉，只这最后一句，却可摘出来仔细玩味。李清照在慰藉自我，也在劝说他人：“乘兴醉一次吧，不要辜负了东篱下盛开的菊花！”

自陶渊明首创诗句，东篱把酒赏菊花成了归隐的意象，一朝出世，便将此身付与青山绿水，从此，红尘纷扰与己无关。

但这样隔绝俗世扰攘的生活能持续多久，李清照并没有绝对把握，人生的意外总是让既定的计划措手不及，长久的遁世抵不过浮躁红尘的诱惑，人在世上行走，哪能随心所欲？今夕酩酊，明晨醒来，眼前风景已换了模样。“知否知否，应是绿肥红瘦”，变的是花色，也是人生境遇。

政和元年，赵明诚的母亲郭氏奏请朝廷恢复其已故丈夫生前的官职。打压的力度够大，时间够长，可以松口气了，朝廷准允了郭氏的请求，赵挺之曾被朝廷褫夺的身后恩典，一一恢复，受株连失去官职的儿子们也依次起复。

寻绎史料，可知政和二年（1112年），赵存诚担任秘书少监，比之于仍徘徊在乡野，愿与伴侣偕隐的弟弟，兄长们率先返归朝堂。对饱读圣贤书的传统文人来说，归隐是求功名而不得时，退而求其次的选择，无论他们吟诵多少遍陶渊明的隐逸诗，内心深处，仍渴望秉笏披袍，经纶天下，身后入《循吏传》。所以赵明诚的出仕与否只是时间长短的问题。

读了半辈子圣贤书，为国定策，为民请命，也是读书人应有的作为，从这个层面说，入仕有其价值。可并不是人人适合做官，后面我们可以看到，赵明诚作为政府官员，远远不如他作为学者。或者说，他可以做承平岁月的平庸官吏，而大乱年代需要的是救世能人，他的才略应付不了混乱的局面。

赵明诚给妻子肖像题词的第二年，即政和五年（1115年），新年的喜气还未散去，二月，宋徽宗册立赵桓为太子，大赦天下。皇朝统治有了继承者，尽管这些年皇帝各种突发奇想的昏招层出不穷，但储君既定总是值得庆贺的好事。

而在上月，就在东京人欢天喜地过除夕、闹元宵时，距东京千里之遥的会宁府（今黑龙江哈尔滨），一支崛起于白山黑水的部族，在数年抗击辽朝的战争中，实力逐渐壮大，遂于本年称帝建国。称帝的部族首领名叫完颜阿骨打，国号是“金”。

那一年，元宵夜在宣德门下赏灯观戏的东京人是否知道，他们的噩梦要来了？

那一年，在归来堂读书的李清照是否知道，她的归隐梦要醒了？

第七章

金石

纵爱惜，不知从此，留得几多时。

——李清照《多丽·咏白菊》

南宋嘉定某年的十月，岳飞的孙子岳珂暂居京口，有个书画贩子向他兜售三幅法帖，是北宋书法家蔡襄的《赵氏神妙帖》，要价着实不菲，然细审书帖，确实是真迹。乍见消失许久的书法神帖，岳珂好奇地打听这法帖从哪里得来，那人却咬死不回答，像是当中有不可告人的秘密。岳珂套不出他的实话，但此帖难得，他极爱此帖，索性不问来路地买入手中。

这段奇特经历被岳珂记入《宝真斋法书赞》，他在对该帖的内容与题跋做了介绍后，赞道："公书在承平盛时，已售钱二十万，赵氏所宝也。题跋皆中原名士，今又一百年，文献足考也。"题跋的中原名士里，有个赵明诚。岳珂欣喜于得到蔡襄法帖，也欣喜于收获赵明诚亲笔，将两者视若珍宝。

赵明诚的题跋是："此帖章氏子售之京师，余以二百千得之。去年秋，西兵之变，余家所资，荡无遗余。老妻独携此而逃。未几，江外之盗再掠镇江，此帖独存，信其神工妙翰，有物护持也。建炎二年（1128年）三月十日。"

从此题跋可知，蔡襄法帖是李清照从战火中抢救出来的。身逢风尘之变，性命尚且堪忧，她还不忘记携带此帖，命可以不要，金石书画不能不保护。

赵明诚书写题跋的建炎二年，夫妇俩二十年的收藏大半焚于兵燹，唯此蔡襄法帖保存下来，赵明诚说是如有神助，这话透着几分揶揄，更有几分无奈。

对李清照冒风险护书画的举动，岳珂也甚为感佩："德甫之夫人易安居士，流离兵革间，负之不释，笃好又如此。"笃好成了痴，是生在骨血里的刺，拔不得，若拔了，精神会死。

被赵李夫妇珍爱如性命的法帖，还是离他们而去，百年间辗转迁移，不知转手多少轮，落在未名人手里，终为岳珂所有。生于半壁江山时期的岳珂，见识到百年前的文明遗迹，观望今日的偏狭，想见昨日的盛大，不禁惋叹："承平文献之盛，是盖蔚然可观矣。"

对金石书画的迷恋，不仅是赵李夫妇好尚，而且是整个时代的风气。

儒学历经魏晋南北朝的漫长岁月后呈现一派低迷态势，中间有无数儒家子弟努力推尊本门，然成效不佳，直到宋代，打断了脊梁的儒学像是重新续了骨，终于精神焕发，再获中兴，形成了独具品格又遗风后世的宋学。

北宋立国后，振兴儒学提上日程，由此复古运动渐次兴起，儒家学者们去圣人那里寻找正道出路，去经典那里求索德行方向。这种寻找和求索却不同于传统做派，而是摒弃了传统经生、寻章摘句的陈旧学术习气，深研义理之学，由此从复古的汪洋大海里诞生了要紧一脉，是为"疑古思潮"。

宋学主张的“疑古”，既要怀疑经传注疏，也要怀疑史实记载，那在汉儒、唐儒心中不可更一字的圣贤书，在宋儒心中实可疑、实可改。

《周礼》是战国之书，《系辞》出孔子之后，《中庸》非子思所著，《春秋》有大可疑者。宋儒的怀疑深入儒家经典的血脉，经传注疏若要我不疑，却看其言说是否合理，进而言之，是否符合我的道理，此便是“六经注我”，如王安石所言：“有合吾心者，则樵牧之言犹不废，言而无理，周、孔所不敢从。”

疑古思潮进入史学领域，发展出两大研究分支：一是史实考异，二是金石考据。史实考异的代表作是司马光的《资治通鉴考异》，金石考据的代表作是欧阳修的《集古录》。

汉魏以来，碑文铜铭屡有出土，但不是被当成祥瑞供于祠庙，就是被当成宝器藏于后庭。将金石作为历史材料，以厘清史实，匡正谬误，却是起于宋代。

撰写《集古录》的欧阳修是以金石来考证历史的先行者。欧阳修初入仕，正值儒学复古运动以及由此产生的疑古思潮兴起的时候。他对金石的兴趣于兹而生，而成规模、成系统地收集碑刻拓片，大约是在庆历年间，前后持续了二十年，总计收拢一千多片，他将藏品汇编成册，并给其中一半的铭文书写跋尾。

除此之外，欧阳修写了一篇《集古录目序》，提到他收集金石的一个目的是对史传“正其阙谬者，以传后学，庶益于多闻”。

欧阳修是文学家，也是史学家，他凭一己之力修撰的《新五代史》，被后人指摘删减过多，重褒贬而轻史实，带有浓厚的个人色彩。但欧阳修如此编写史书自有他的考虑，他是要宣言他的史观，以微言大义鞭策读史之人，鉴古知今，对现实有所裨益。这也是宋人苦心孤诣考据历史的目的。

《集古录》的出世在北宋文坛引起巨大反响，惹来后学者竞相效仿，赵明诚便是其中之一。

赵明诚在《金石录序》中说到自己爱好金石的源起："余自少小喜从当世学士大夫访问前代金石刻词，以广异闻。后得欧阳文忠公《集古录》，读而贤之，以为是正讹谬，有功于后学者甚大。"

自小的兴趣，加上《集古录》的强烈示范和引导，赵明诚对金石考古的热忱一发而不可收。李清照深知丈夫，她说赵明诚很早便有"饭蔬衣练，穷遐方绝域，尽天下古文奇字之志"。赵明诚自己也说："余之致力于斯，可谓勤且久矣，非特区区为玩好之具而已也。"

这与李清照为了买书，甘愿"食去重肉，衣去重采"，过清苦日子，如出一辙。

为供养爱好，物质生活粗粝简陋不在话下，坐拥一屋子珍贵拓片，一身褴褛也可置之度外。好读书的李清照与好金石的赵明诚结为夫妇，兴趣渐趋合拢，藏书集古并行不悖。毕竟传统文人很难不爱上集古，李清照对书画金石也上了瘾，"浸觉有味，不能自已"。

集古的又何止是文人，身居九重的皇帝也加入了收藏行列，凭着权力无所不往的搜集能力，皇帝成为藏品最多，珍品也最多的第一收藏家。

皇帝不仅要将天下古董归已所有，还要给古器物定名。大观至宣和间，徽宗敕令编撰《博古图》，录入御府珍藏的八百三十九件青铜器，只占皇室全部藏器的一小部分。这些青铜器历史时间横亘商代至唐代，被宋人细分为几十种门类，每类器物都说明样式、尺寸、容量、纹饰、铭文，还精心绘制图画，文字与图画一一对应。

《博古图》是青铜器研究史上的重要著作，从中可窥见北宋皇室藏品的丰厚精美，数量可惊世人，质量更见真章，至少在集古这件事上，作为艺术家的宋徽宗是合格的。

可惜的是，宋徽宗费尽心力收罗的古器，终在靖康国变，金人劫掠北上之时被洗劫一空。

古器已亡，只剩下一部《博古图》，历经朝代更迭、连天烽火，穿过时间尘埃传了下来，时时提醒后人，它们曾经存在过，这部书里留着它们最后的历史剪影。也许，就和《博古图》里的青铜器一样，消失在历史里是很多文物的共同宿命。

赵明诚也预感到金石不能长久存在，再坚固的器物也抵不过时间的磨砺："自三代以来，圣贤遗迹著于金石者多矣。盖其风雨侵蚀，与夫樵夫牧童毁伤沦弃之余，幸而存者，止此尔。是金石之固，犹不足恃，然则所谓二千卷者，终归于磨灭，而余之是书，有时而或传也。"

文中提到的两千卷是赵明诚尽二十年之力收集的金石拓片，可是，自古以来，铭刻圣贤遗迹的金石多不胜数，在漫长的岁月里，受风雨侵蚀，被樵夫牧童践踏毁伤，最后又能留下几件呢？难说他的收藏哪一日也要归于湮灭。不过，他虽对金石终将湮灭伤感不已，却对自己的书将会传世略为自负。

赵明诚期望自己的考古学著作能传布后世，李清照希冀自己的文字流传“千万世”，两人对文章赋予的时间意义皆来自文人的立言理想。

《金石录》全书有两部分，前为赵明诚收集的两千卷藏品目录，后为五百篇跋尾，体例袭自《集古录》，创作目的也模仿《集古录》。赵明诚声称：“若夫岁月、地理、官爵、世次，以金石刻考之，其抵牾十常三四，盖史牒出于后人之手，不能无失，而刻词当时所立，可信不疑。”

用金石纠正史传文字的讹谬，赵明诚在跋尾中正是这样做的，五百篇精练小文，全是他用认真至于虔诚的态度书写出来的。据李清照后来的回忆，赵明诚在莱州任知州时，每晚处理完政务，便端坐于寓所的静治堂，一卷卷细心整理，凡十卷为一帙，每日校勘二卷，题跋一卷。

李清照写出了一个勤勉严谨的学者，把金石考据当成与入仕从政同等重要的事业。如果说李清照对读书作文尚有当成游戏的念头，赵明诚则是一丝不苟，金石于他不是游戏，而是毕生坚持达成的理想，这是他们夫妻的分歧。

《金石录》记下了许多次赵明诚获得金石的地点与时间，他的收集时间长，范围也广，即使归隐青州时，他还奔去洛阳访求汉司空碑，至于青州周边的泰山、昌乐等地，更不用说青州本地，都被他踏寻遍尽，后知莱州、淄州，这两地的金石也被他一体网罗。他自己讲述搜罗范围“上自三代，下迄隋唐五季，内自京师，达于四方，遐邦绝域，夷狄所传”。

除了自己寻访，又承亲友馈赠，如刘跂赠泰山石刻，陈师道赠柳公权所书石碑，张叔夜赠汉河南尹碑，李诫赠传国玉玺摹文。前两人已在前文述及，后两人中的张叔夜，因靖康国难时殉节，留下历史美名，而李诫是《营造法式》的作者。《营造法式》是中国古代建筑经典名著，要研究古建筑，都绕不开这部著作。

一部《金石录》，记录了北宋考古学成就，字里行间也暗藏着北宋文人的交往关系网。也可知赵明诚好收金石的名声广传四海，一众热心人若获一珍品，即送去给他鉴赏，倒未必是至交好友。汶阳人刘绎如也是金石爱好者，家藏汉唐石刻四百卷，他听说赵明诚的收藏里正缺《唐颜乔卿碣》，而自己保有，竟不吝惜，将此碣慷慨送给他。

最可喜的是，《金石录》记下了著名的“安州六器”，这六器于考证西周早期历史大有助益，但那时的赵明诚暂不能给六器准确断代，尚有一些犹豫，于是保留了说法：“若非商末，即周初器也。”这份严谨的学术态度强过了将“安州六器”认定为商代器的赵宋皇室，遗憾的是，珍贵的安州六器也随北宋王朝烟消云散。

赵明诚为集古殚精竭虑，自己访求，他人馈赠，尚不餍足，偶尔也会耍些不中看的手段。一次他向侄儿谢伋借阅阎立本所绘《萧翼赚兰亭图》，借阅倒也罢了，后竟不归还，实在是“巧取豪夺”。

为赚取文物不择手段，赵明诚并非孤例，与素称“米颠”的米芾比较，偶动歪心思的赵明诚堪称温善。

米芾对文物收藏的执迷闻名遐迩，因此留下许多传奇逸闻，比如米芾为了得到法帖以死相逼，与皇帝争抢古物，过度崇古而不喜时服，向人借古本临摹，却把临摹本还回去，等等。米芾是否为了占有文物失了常性，相关的传闻真假参半，但透过他，可以觑见那个时代的文人为集古不惜代价的普遍表现。作为名垂青史的书法家，米芾的文物鉴赏能力卓绝于世，因此他自负以至傲慢，对时人拿赝品当真迹的常见谬误嗤之以鼻，有趣的是，他与赵明诚也有千丝万缕的关系。

绍兴二十年（1150年）的某日，六十七岁的李清照拜访米芾的儿子米友仁，携米芾所书《灵峰行记帖跋》《先人寿诗帖跋》，请米友仁鉴别并书跋。米友仁未想宋室仓皇南渡，古器书画散失几尽，父亲真迹居然能重现人间，他一时睹物思人，悲泣难已。他答允了李清照的请求，题跋为：“易安居士一日携前人墨迹临顾，中有先子留题，拜观不胜感泣。先子寻常为字，但乘兴而为之。今之数句，可比黄金千两耳。呵呵！敷文阁直学士、右朝议大夫、提举祐神观友仁谨跋。”

王朝覆亡，昔日繁华凋尽，一地狼藉，宫池楼台，朱门高墙，鞠为茂草，旧人的墨迹却在废墟间熠熠生辉。王朝会死，而文化不会死，这便是一代代人护佑文物的意义所在。

赵明诚与米芾的关联不仅此一次。赵明诚推崇《集古录》，藏有欧阳修的《集古录跋尾》，十多年间，四次题跋其后。最后一次跋写于宣和四年（1122年）岁末，是年赵明诚四十二岁，时光荏苒，人渐衰老，不觉怅然。

崇宁五年，米芾在赵明诚家观阅《集古录跋尾》，畅想前贤风采，遂也书写一跋。这一集合了欧阳修、赵明诚与米芾墨迹的珍贵法帖，今保存在台北故宫博物院。今人有幸，得以观瞻古人墨宝，想见前代风貌。好文物的赵明诚与米芾吟赏先人墨宝，叹服良多，兴之所至，书跋其后，结果他们的字附着在文物上，成了那文物的一部分。

赵明诚专注于金石研究，沉浸在考据学里，但不意味着他与现实彻底疏离开来。宋人好议论，小事要议，大事更不可不议，作为学术著作的《金石录》，在研讨金石之余，也会时不时暗讽时局，那仿佛是文人忍不住发声的痼疾。

《金石录》卷二十九《唐义兴县重修茶舍记跋》，说了唐朝的一桩逸事。唐朝义兴县（今江苏宜兴）原不为皇家贡茶，李栖筠担任该区域地方官，有和尚向他献佳茗，他召集宾客一同品尝，恰好“茶圣”陆羽在场，一尝之后，陆羽赞美此茶芳香甘辣，冠于他境，建议李栖筠将其贡奉朝廷。有这等献殷勤的绝佳机会，李栖筠欣然同意，将万两香茶进贡。此后，贡茶成为义兴的常赋，为了将贡茶敬奉给皇家享用，该地每年要调发采茶工人、送茶征夫两千人。

赵明诚为此慨然道："余尝谓后世士大夫，区区以口腹玩好之献为爱君，此与宦官、宫妾之见无异，而其贻患百姓，有不可胜言者。"说的是唐代往事，言下之意却指向本朝，那么，赵明诚在暗讽什么呢？

身为艺术家的宋徽宗总有些独特的癖好，比如好花石。上有所好，下必应之，皇帝的癖好惹来一众谄媚之徒，这些人为皇帝索求奇花异石，哪怕远隔万里，也当不辞劳苦地送至御前，以悦君心。皇帝为此设置应奉司，专管花石采买上贡，这就是臭名昭著的"花石纲"。

皇帝坐拥天下，这天下的人都是他的臣民，天下的好物也归他所有，但凡士庶之家有一花一木佳妙，便用黄帕覆盖之，指为御前之物，即为皇帝所征用，即便死人棺材里有好物，也要掘开坟墓。至于那高可擎天的怪石奇石，用巨船载之，征调上千纤夫，为保证通行无碍，一路不惜"凿河断桥，毁堰折闸"，经数月跋涉才至东京。如此残剥民力，一花费数千缗，一石费数万缗，造成巨大的人力与财力的消耗。

唐为饮茶之好，宋为花石之好，靡费财物，祸害百姓，时代不同了，而统治者的奢靡无耻异代同谋。又如唐《云门山投龙诗》跋尾嘲讽唐玄宗崇信道教，迷信长生之说，"故当时谄谀矫妄之徒，皆称述奇怪，以阿其所好"。其意也是为讥刺当下，因宋徽宗也信道教，宣扬自己是上帝元子长生大帝君下凡，故而自号"道君皇帝"。为独尊道教，宋徽宗于学校教育特设道学一科，任道官，封道职，还天才般地为佛教称谓增添道教色彩，佛改称为“大觉金仙”，和尚改称为“德士”，尼姑改称为“女德”。

皇帝的作死都有相似处，再荒唐的蠢事，发生了一次，还会发生第二次，惨痛的历史只是让后人读书时生发感叹，待到付诸行动时，即可抛之脑后。著书目的是考据史传谬误的《金石录》，通过征引历史故事，起到鉴往知来、警醒当下的作用。

赵明诚满注心血的《金石录》流传于世，而他与妻子的收藏却早已荡然无存，当初在《金石录序》里的隐忧之叹，不幸成了谶语。

赵明诚强取的阎立本的《萧翼赚兰亭图》，竟也不能长久保有，后被吴说得于钱塘。赵李夫妇的许多收藏散落民间，吴说皆以贱价买得，那时李清照尚在，闻说此事，也只能叹息作罢。

苏轼曾受好友王诜之邀，为他专门储存藏品的私家库房作了一篇《宝绘堂记》，对当时文人的收藏之风颇多劝讽：“君子可以寓意于物，而不可以留意于物。寓意于物，虽微物足以为乐，虽尤物不足以为病；留意于物，虽微物足以为病，虽尤物不足以为乐。”

金石书画再是蕴藏巨大价值的珍品，也是物，执着于物，易生患得患失之心，得不到真正的快乐。只有跳出物外，用观望的态度对待，占有物不甚喜，失去物不甚悲，方才得大自在。苏轼的道理切中执着于文物收藏的弊病，但说比做容易，理解了，不意味着能践行，就是他自己，也做不到。

李清照写有《多丽》，这是一首咏白菊的长调。词通过拟人化对比，赞美白菊不同凡花的清芬蕴藉、高洁典雅，可这样的绝代芳姿，天也嫉妒，纵是爱惜，又能留得几时？顷时风起雨落，花谢不复开，“纵爱惜，不知从此，留得几多时”。这是对鲜花凋谢的惋惜，也是对世间一切美好不能长久存在的惋惜。

从前痴迷于收藏，散尽家资，日子过得紧巴，是好的；那个把金石考据当宏伟事业，与自己稍有分歧的丈夫，是好的；太平年月里一切鸡毛蒜皮的家务琐事，是好的。什么都是好的，只要熟悉的人在，熟悉的生活在，人生就大有可为；纵不可为，平淡地活着，也是最好的选择。

生于太平，不知太平的珍贵；失了太平，方知太平难得。

不经意间，白菊盛开了，似神女玉佩，也似霜白纨扇；俄而秋风起，花谢归土，寒冷不期而至，漫长的冬季悄然登场。

第八章

大变

勤政楼前走胡马，珠翠踏尽香尘埃。

——李清照《浯溪中兴颂诗和张文潜》

唐大历六年（771年），在祁阳浯溪（今湖南祁阳）石崖上，刻有一篇文章，作文者为元结，书文者为颜真卿，文章名为《大唐中兴颂》，此石刻俗称“摩崖碑”。碑文讲述的是唐肃宗平定“安史之乱”，复兴唐祚，为此盛德大业，刊文于石，歌颂褒扬，使千万年铭记。

中兴颂的基调是赞歌，向后来者传扬皇帝的伟岸宏业。使妖氛清尽，宗庙再安，播迁在蜀的玄宗得以复归长安，二圣重逢，其乐融融。

后人对《大唐中兴颂》却颇有微词，主要是谴责唐肃宗北上灵武，统兵反叛，未承父亲传国之意，擅自登基，过后又受小人挑唆，致父子不和，是不孝子，而《大唐中兴颂》却对他颂扬过甚，还信口赞叹“二圣重欢”，文不对事，着实荒谬。此文是唐之一大罪状，非颂也。

世传张耒（字文潜）一日过浯溪，见此摩崖碑，信笔拈来一首诗。也有人认为秦观才是原作者，却假借张耒的名头。兹录《读中兴颂碑诗》于下：

玉环妖血无人扫，渔阳马厌长安草。
潼关战骨高于山，万里君王蜀中老。
金戈铁马从西来，郭公凛凛英雄才。
举旗为风偃为雨，洒扫九庙无尘埃。
元功高名谁与纪，风雅不继骚人死。
水部胸中星斗文，太师笔下蛟龙字。
天遣二子传将来，高山十丈磨苍崖。
谁持此碑入我室，使我一见昏眸开。
百年废兴增叹慨，当时数子今安在。
君不见，荒凉浯水弃不收，时有游人打碑卖。

这首咏史诗与《大唐中兴颂》原来的基调大相径庭，当时歌功颂德的意思，后人却不稀罕，后人的眼里和心底只有历史的废兴感叹，眼前一脉荒凉浯水奔流不回头，从前镌刻功业的石碑却被今人敲碎了当成破石头卖。

因读《大唐中兴颂》碑而触动作诗文者，不只张耒一人，其中尚有黄庭坚，他贬谪宜州，泊舟浯溪，在崖下徘徊三日，应诸友之请，赋诗一首。待黄庭坚卒后，他的诗被刻于《大唐中兴颂》之侧，与张诗一样，黄诗本意也是讽喻，但如此一来，倒让后人纷纷揣度，原文到底是完全的颂词，还是明颂实讽。就像洪迈在《容斋五笔》言道："元次山作《中兴颂》，所书天子幸蜀，太子即位于灵武，直指其事。殆与《洪范》云'武王胜殷杀受'之词同。……

黄鲁直（黄庭坚）《题摩崖碑》尤为深切……所以揭表肃宗之罪，极矣。”

也就是说，黄庭坚的诗揭开了碑文背后的深意，该碑文是为了昭然肃宗的罪状，这与《尚书》中“武王胜殷，杀受”一语相同，明是描述周武革命，笔下寓意却是暗讽以臣弑君的篡位之举。

“安史之乱”是唐由盛转衰的关键事件，唐人口里所谓的“中兴”，于后人看来，只是自欺欺人的说辞，当初本就不该发生，过后亡羊补牢又敷衍了事，每个王朝从极盛到极衰，往往是因为作死，作得越疯狂，死得越彻底。

唐是如此，宋又何尝不是如此？与唐代接近的宋人很是关心唐史，读唐史，写唐史，吟唐史，可前朝的善政、秕政，借鉴了几分？能不能避免凄惨覆灭的命运？历史给出了答案。

或在十几岁时，李清照也过浯溪览碑，也可能是闻诗而和，她创作了两首《浯溪中兴颂诗和张文潜》。还是青葱少女便有不凡见地，说李清照有天才之智，并不为过。

明代陈宏绪的《寒夜录》对李清照的两首和诗，给出了“香气扑鼻”的形容：“二诗奇气横溢，尝鼎一脔，已知为驼峰、麟脯矣。”驼峰、麟脯是珍馐异品，世间少有，难得而不易烹饪，用此比拟诗文，真可谓“奇气”。依旧录诗如下：

其一：

五十年功如电扫，华清花柳咸阳草。

五坊供奉斗鸡儿，酒肉堆中不知老。
胡兵忽自天上来，逆胡亦是奸雄才。
勤政楼前走胡马，珠翠踏尽香尘埃。
何为出战辄披靡，传置荔枝多马死。
尧功舜德本如天，安用区区纪文字。
著碑铭德真陋哉，乃令神鬼磨山崖。
子仪光弼不自猜，天心悔祸人心开。
夏商有鉴当深戒，简策汗青今具在。
君不见当时张说最多机，虽生已被姚崇卖。

其二：

君不见惊人废兴传天宝，中兴碑上今生草。
不知负国有奸雄，但说成功尊国老。
谁令妃子天上来，虢秦韩国皆天才。
花桑羯鼓玉方响，春风不敢生尘埃。
姓名谁复知安史，健儿猛将安眠死。
去天尺五抱瓮峰，峰头凿出开元字。
时移势去真可哀，奸人心丑深如崖。
西蜀万里尚能反，南内[①]一闭何时开。
可怜孝德如天大，反使将军称好在。

---

① 长安有大内、西内、南内三宫，南内是唐代长安的兴庆宫。——编者注

呜呼！奴辈乃不能道辅国用事张后专，只能念春荠长安作斤卖。

这两首诗，与李清照素来的词作风格很不一样，相比词的曲婉深邃，诗更加直白晓畅，当然，与张耒、黄庭坚诸人诗作相类，内容也有讽喻意味。

《大唐中兴颂》里见不到“中兴”，只见到唐王朝君昏臣悖，致天下崩乱，万姓流离，本犯了偌大的错，却还要铭功记德。原想传扬万代的中兴碑，如今已生了荒草，想想从前的盛世光景，膏粱锦绣，穷奢极侈，谁知道祸乱一朝降临？而那唐孝德如天的肃宗，强行将父亲玄宗迁往南内，从此父子暌违，生死不见，《大唐中兴颂》里的“二圣重欢”便成了谎言。

字字都指陈前朝历史，字字也都像在隐喻当下。历史时间不可回溯，历史事件却一再重复，殷鉴不远，就在目前。

宋徽宗在位的最后几年，年号“宣和”，正是文艺风潮如火如荼的绚烂季节，承平日久，危机意识淡薄，享乐主义风行，难免瞎折腾出各色时新花样。蔡京为迎合徽宗的奢靡欲求，创出“丰亨豫大”之说，其词取于《易经》，寓意极致的富足太平。“于是铸九鼎，建明堂，修方泽，立道观，作《大晟乐》，制定命宝。”北宋百年太平，祖宗积累的财富在徽宗手里尽情挥霍，“累朝所储扫地矣”。

在那些精致的岁月里，《宣和画谱》《宣和书谱》《宣和博古图》等文艺创作指南与文艺鉴赏指南相继问世，在文艺领袖宋徽宗赵佶的引领下，上上下下文恬武嬉，柔靡之风遍于海内，赵佶偏又好大喜功，觉得自己能建不世功业，开疆拓土就像书一联字、绘一幅画一般轻易。

历任宋朝皇帝都有个难解的心结，那就是收复被石敬瑭[①]献出去的燕云十六州。没了北疆土地，王朝像缺了一条胳膊，不是囫囵整个。武功疲软的北宋，想收回故土，恢复梦寐以求的汉唐疆土，却一直有心无力。自宋太宗豪情万丈地兴兵北上，不幸在高梁河之役，臀上中了一箭，上层的进取之志也像被射落了，只能用每年数十万的岁币换取太平安逸。纵有一二励精图治的帝王，慨然欲复旧疆，却因战将不才或指挥失策，一再错失机会。

到了“艺术家”宋徽宗统治时期，北边崛起了一个金国，把占据燕云的辽国逼到覆宗绝祀的地步。北方的变动让安坐东京城的赵官家浮想联翩，自己无力要回传家宝，眼见别家屡被敌人劫掠，破亡在即，便动了心思，想乘乱捞宝。北宋遂决定与金国联合灭辽，收回燕云十六州，此为“宋金海上之盟”。

宣和四年，金国邀北宋攻辽，北宋遣十万兵力巡边。已处于风雨飘摇中的辽国，纵算亡国朝夕可待，掐起北宋来仍是绰绰有余，北宋军队大败而归，士卒惊走，自相蹂践，兵甲器杖填满山谷。

北宋征辽的惨败，让原先对北宋存有几分忌惮的金国，看清了

① 五代十国时期后晋开国皇帝。——编者注

北宋外强中干的虚弱实力。皇皇大宋，仗打得丢人现眼，将是耍花腔，兵是玩杂艺，就连那个字儿写得富贵气十足的皇帝，一样是个不中用的花架子。

宣和三年，北宋大军在燕北辱没国格的前一年，赵明诚出任莱州知州，这年到底是不是他重返官场的第一年，各有说法。

这一年稍前，山东宋江、江南方腊先后揭竿而起，底层起义给了北宋王朝一个强烈信号，即皇帝的艺术爱好与老百姓的糊口愿望不相契合。为了镇压叛乱，北宋政权暂时搁置收复燕云，将原来打算用来征辽的西北重兵转调江淮，才将烧毁王朝根基的火扑灭下去。若无敌人进攻，北宋或许会与很多昏聩的末代王朝一般，亡于风起云涌的农民起义。

北宋朝廷镇压本国人民起义的时候是铁血刽子手，抵御敌人的时候却成了“软脚蟹”。北宋军队的精、气、神飘在燕北的上空，萎靡不振的末代王朝只能滋养无病呻吟的“文艺范儿”，养不出不畏生死的浩然之气。

是年八月，李清照结束了十四年屏居乡里的闲适生活，追随赵明诚赴任莱州。刚到莱州，环境很陌生，也没半个熟人可谈心，李清照枯坐无聊，手边恰有一部《礼韵》，信手翻开，翻到一个“子”字，因以此字为韵，作《感怀》诗一首：“寒窗败几无书史，公路可怜合至此。青州从事孔方兄，终日纷纷喜生事。作诗谢绝聊闭门，燕寝凝香有佳思。静中吾乃得至交，乌有先生子虚子。”

诗中的“公路”指袁术，穷途末路之时，他问厨下还有多少食物，答曰：还剩三十斛麦屑。袁术大声叹道："袁术至于此乎！"呕血而亡。"青州从事"指美酒，典出《世说新语》，桓温手下有个主簿，擅长辨酒之优劣，将好酒称作"青州从事"，劣酒称作"平原督邮"。"孔方兄"是指铜钱。"燕寝凝香"，比喻莱州公廨。"乌有先生与子虚子"，是司马相如笔下虚构的人物。

李清照说她就像穷途末路的袁术，来到陌生的莱州，眼前寒窗败几，连卷书史也找不到，人为了美酒与金钱汲汲营营，生出多少烦恼！而今我闷在莱州公廨作诗，与我做伴的朋友，只有书上的虚拟人物。

太多人认为这是李清照在埋怨赵明诚，男人忙于追索俗世功名，让妻子独坐空室，不管她的寂寞凄苦；还有人说，赵明诚有了新欢，怕是几个美妾在怀，于是嫌弃黄脸婆，狠心将她打入"冷宫"，李清照有苦说不出，只能用诗词隐晦表达。

类似的委婉心曲还有《小重山》可证实，且看首句："春到长门春草青，江梅些子破，未开匀。""长门"何也？陈阿娇被汉武帝始乱终弃，别居于长门宫，从此，"长门"在传统文学创作上，成为弃妇的隐喻符号。李清照用典"长门"，是暗示赵明诚变心，一朝倚红偎翠，将结发妻子弃之不顾。

关于赵明诚是否纳妾与李清照是否再嫁的讨论，一直是李清照研究中的重头问题。夫妻感情和睦抑或感情疏离，竟影响到对李清照作品的解析。出现这个现象，根本原因是解读者先入为主地默认李清照作品中的全部情绪与赵明诚紧密相关。

赵明诚纳妾并不是没有可能，李赵夫妇多年无子嗣，纳妾为传宗接代，在传统社会是常态。今天我们批判纳妾行为的腐朽落后，那时的人却不以为意，但这或许让萌生了女性意识的李清照不能容忍。

莫说纳妾，宋代文人携妓更是常态，平生若无三五个小脚妓女眷顾自己的才学，那文人生涯便不圆满。整日与圣贤书纠缠的太学生自不能免俗，凡有宴会，必要传呼歌伎侍酒。更不要说文人之间的雅集，趁着酒酣耳热写出的淫荡小词，不经美人的樱桃小口吟唱，岂不浪费诗情？就是皇帝也爱钻烟花巷，与绝色佳人讲论诗书，何况赵明诚。

身在花柳间徜徉，心却可往庙堂定国是，因此哪怕在妓女卧榻上昏睡百年，也影响不了文人的正经面孔。

倘赵明诚真的纳妾，甚至还有过宿眠花丛的香艳经历，生在女人地位卑微的古代社会，李清照又能怎么办？她那些曲折深婉的词是对赵明诚不能从一而终的含蓄控诉吗？或许是，或许不是，无论如何，总是从女子的口中吟出女子的心事。

若暂时舍弃李清照的作品皆为赵明诚而发的索隐派做法，再读《小重山》，可以领略到另一番滋味：

春到长门春草青，江梅些子破，未开匀。碧云笼碾玉成尘，留晓梦，惊破一瓯春。

花影压重门，疏帘铺淡月，好黄昏。二年三度负东君，归来也，著意过今春。

细读词意，其实是表述了欣赏春色的怡然心情：春草生了，梅花也开了，花影层层叠叠翻过重门，皎白月光铺满帘幕，多么美好的黄昏呢！有两年时间没好好赏春，来吧，尽情享受今年的春！

词调是轻盈欢悦的，抒写了一个心思灵动的女子对春天的向往，而非弃妇诗词的悲苦意味。既是赏春的词意，自然就与哭哭啼啼的情变毫无关系，非要说李清照邀约赵明诚一起赏春，无奈依从之余，至少要承认，被尊为“婉约词宗”的李清照，不只会写哀怨伤怀的情词。

所以那首《感怀》，更可能是李清照在闲极无聊时，跟自己开的一个玩笑。宋代士林素来有俳谐之风，在宋人的创作理念里，诗文除了拥有一本正经的载道面孔，也可用谐趣笔法讽喻现实，或者单纯表达个人感怀。

宋人作文选材空前广泛：虱子、跳蚤、蚊蚋、老鼠、病菌等从前文人不屑一顾的琐细丑物，乃至令人掩鼻的浊臭行为，都可作为诗词主题。也就是说，诗文可有劝喻作用，更可作为取乐的文字游戏。文坛风气如此，一众大家，像梅尧臣、王安石、黄庭坚、苏轼，都加入创作俳谐文的阵列中。如此看来，李清照写一首诙谐诗，自嘲潦倒如穷途末路的袁术，友朋唯有书中虚构人物，不过是当时文人的戏笔风气，既没什么稀奇，更不必做过多附会解读。

宣和六年（1124年）或七年（1125年），赵明诚再守淄州，李清照依然随从迁往淄州。那正是大厦倾覆的前夜，大多数人预料不到，丰亨豫大的北宋王朝会忽然间崩塌，生活此刻仿佛静水，生也平静，死也平静。

彼时赵明诚还在积极收集金石书画，像莱州天柱山北齐石铭、淄州开元寺碑等拓片，被他一一收入囊中。沉浸于私人爱好的赵明诚想不到，这个千疮百孔但还能撑起身躯的王朝，即将被外力推倒成泥，他以毕生之力收集的古物，会在大变中化为瓦砾。

近代著名学者缪荃孙的《云自在龛丛书》记述了一段赵李夫妇在淄州的往事，说是淄州有个邢氏村，山水清致，素屋错落，是个归隐的好去处，村里有个隐士叫邢有嘉，很是知礼。赵明诚于某个夏日访游邢氏村，恰是繁花盛开的大好季节，这位邢有嘉不嫌赵明诚是浑身世俗气的地方长官，殷勤相待，将珍藏的白居易手书《楞严经》拿出来分享。赵明诚得此珍品，急不可耐地驱马疾驰归家，招呼李清照共赏。时已是深夜，二更鼓敲响，夫妇俩毫无困意，得阅珍品，心情激荡，不由渴酒，奈何没有酒，于是烹起来自福建的小龙团茶，狂喜之情久久不灭。案上的蜡烛换了两次，都已燃尽，仍是毫无睡意，赵明诚便下笔为之记。

缪荃孙引述了赵明诚的题跋后，确凿无疑地说白居易书《楞严经》一定是真迹，然更多的学者却分析此为赝品。白居易手书真伪不在本书讨论范畴，而赵明诚题跋若为真，他或也眼拙了，拉着李清照赏赝品，恰是一件令人忍俊不禁的趣事，可洞见夫妇二人对金石书画的眷爱，爱之深，以至真相如何好像不重要了。

不少学者将此事的时间排谱在靖康元年（1126年），早一些的，定为宣和七年，相差一年，天下时局发展却已至溃烂不可收拾。宣和七年，北宋王朝尚维持着精致的空壳子，而靖康元年，北宋已是遭飓风吹折的枯木，灭亡只在旦夕。

北宋征辽成了笑话，与金国的夹攻盟约便落了空，金国凭强悍武力拿下整个燕云，北宋却厚着脸皮向金国讨要燕云，经过数轮讨价还价，金国终将燕云空城卖给北宋，而将人口、金帛裹挟带走。北宋上层不以为耻，反以为荣，把这当成不世伟业，朝堂上封官加爵，一片颂声，全然不知危险将至。

宣和七年十月，看透了北宋软弱体质的金人，悍然兴起两路大军，东西并进，攻入北宋。西路由左副元帅完颜宗翰（粘罕）统率，进击太原，东路由右副元帅完颜宗望（斡离不）率领，直下河北。

河北诸州县要么无力抵御，要么不敢抗击，值此国家危难之际，朝廷官员的骨气、勇气都被丢进了黄河。金国军队一路斩将搴旗，过黄河时竟无一兵一卒阻隔，皆因守河宋军望风而遁，跑得干干净净，金军用了整整五天时间，才将全军摆渡过河。就这样在北宋官员与军队的鼎力“帮助”下，东路军于靖康元年正月兵临东京城下。

吓破了胆的宋徽宗紧急传位给儿子宋钦宗，自己带着一干亲信，仓皇逃往扬州避难。国家有难，国君不肯为社稷奋战，只顾保命，如何让士大夫为国效力？

金军在东京城下攻略了三十三天，这就是第一次东京保卫战。

与太平共眠百年的东京老百姓大概做梦也想不到，有一天敌人会攻到家门口。帝都是天下繁华的中心，坚固如金城汤池，一定能坚守到底，将进攻之敌击退，起码在第一次东京保卫战时，人们是相信的。

那时尚在淄州的赵明诚，听说金人攻京师，他的第一反应是自己的收藏危险了，一时茫然无措，又怅然悲伤，乱世忽然来临，如何能安全保有文物？

生在太平年月，仿佛一切都习以为常，从没想过太平其实脆弱如蛋壳，一个不经意，乱世如山崩，轰然倒下。

金军虽有下城之心，但东京高涨的抗敌斗志让金军讨不着便宜，兼之各地勤王军陆续抵达，金军知难而退，与急于求和的北宋政府谈好条件，攫取了巨大好处后，于靖康元年二月北撤。

金军暂时撤走了，亡国的危险并没有远走。

当年五月，有个人的遗骨被送至东京，朝廷嘉其忠义，赠官褒赏。这人是赵明诚的妹夫傅察，曾被蔡京相中为乘龙快婿，却断然拒之。他与赵明诚在政和元年中秋一同登临仰天山访古。宣和七年傅察奉朝命出使金国，走到半道上才惊闻金军攻入，不幸被金军劫持。金人勒令使团成员跪拜称臣，其他人膝盖软，跪得结结实实，唯独傅察誓死不从，金人怒不可遏，将其杀害，傅察成了靖康国难时第一个殉节的忠臣。

之所以提到傅察，是因为未来的历史会揭示，赵明诚与李清照的众多亲戚，或者说，满腹诗书的士大夫，在那个天翻地覆的时代，投降的、弃城的、作贰臣的，数不胜数，后来还出了一个祸国巨奸秦桧。傅察仿佛一枝殊世独立的孤兰，与不要脸皮的士大夫拉开了巨大的人格距离。

不是因为李、赵家族多出此类小人，而是因为这是当时士大夫群体的普遍表现：读书只为做官，做官只为捞好处，至于为国谋事，为民谋利，不在考虑范围内。南宋时黄震批判当日积弊，痛心地说："曰民穷，曰兵弱，曰财匮，曰士大夫无耻。"这话用来评价北宋，丝毫不误。

顾炎武的《日知录》讲论文人廉耻，疾呼道："故士大夫之无耻，是谓国耻。"士大夫自认为学富五车，以"上等人"自居，瞧不上胸无点墨的普罗大众，嗤之为愚夫愚妇，而国之罹祸，慷慨赴难者，未必是庙堂上的衮衮诸公，他们卖国倒是勇充排头兵。北宋覆亡，遍起河北、山西的抗金起义军，多为民间自发，饱读诗书的士大夫却忙于内斗，为到底是以城下之盟换取苟安，还是彻底跪下去投降，争得体面荡然。

金军的进攻没能让北宋朝廷深刻反省或切实采取救国行动，北宋朝廷却频繁折腾出华而不实的花哨措施。国家濒于灭亡，总得找个人承担责任，于是把责任扣在死去的王安石头上：要不是王安石变法，败坏祖宗成法，进而败坏天下人心，我大宋岂会衰败至此，被金人欺到头上来？因此取消王安石配享孔庙；王安石不爱《春秋》，那就重置《春秋》博士；王安石要严格管控黄金流通，就禁止销金。但是，皇弟肃王使金不归，朝廷却无力救他回来，金人虽走，朝廷任其自由来去，不追也不防，对未来可能爆发的战事也不用心应对。好事者因此编了顺口溜："不救肃王废舒王[1]，不御大金禁销金，不议防秋[2]治《春秋》。"

朝廷上下蒙了眼，想当然地认为险难已去，忘却迫在眉睫的危险，倒把不要紧的琐事抓上来处分。南宋史官吕中为此痛惜道："自二月金人退师，至十一月金人复入寇，宜上下协力，以救旦夕危亡之急，而朝廷方争结党与，台谏方追论前事，士大夫争法之新旧，辨党之邪正，鼓为烈焰，涨为洪波而已。……国家待虏大抵急则谋之，缓则忘之，岂独靖康哉！"

才从急难中脱身的朝廷在忙着做什么呢？罢免东京保卫战的功臣李纲，驱散勤王军队，想救援被围困的太原，战略上却频频失误，兵败不可收拾，一步步将自己拖入亡国泥潭。

靖康元年八月，金人二度南下，原先的东路军自保州（今河北保定）开拔。九月，坚守了大半年的太原城沦陷，久被太原牵绊的西路军得以南下。十一月，西路军与东路军在东京城下会合。

第二次东京保卫战持续了四十一天。闰十一月丙辰，风雪如怒，罩得天地一片昏惨，金军攻陷东京城。城破时的东京城是什么样的呢？"婴儿襁褓弃死道侧者藉藉，恸哭之声震天。"在无数人

---

① 指王安石。宋徽宗政和三年，王安石被追封为舒王。——编者注

② 古时秋高马肥时节，北方游牧部落常常南侵，中原政权的边防军特加警卫，谓之"防秋"。——编者注

心里似梦一般浪漫美好的东京城，死亡了。

靖康二年（1127年）二月，金人废徽宗、钦宗；三月，立张邦昌为伪楚皇帝；四月，金军北撤。

金人将御府文物、库藏玉帛、历代宝器、图书卷帙、民间金银，连带皇帝在内的皇室成员、文武大臣等三千余人，一起押解北上。东京城唯剩遍地荆棘，满野荒梗。亡国的噩耗很快便将传遍天下，那些还未被战火侵扰的地方，身背朝命的地方官何去何从？几辈子安土重迁的百姓何去何从？

早在东京城破之前，散兵游勇骚扰于淄州一带，赵明诚因斩获逋卒（逃兵）有功，还曾转升一官。逋卒自哪里奔来？是勤王时为敌打散的西北骁勇，还是自东京城逃出来的禁军士卒？国将不国，保卫国家的战士没了归宿，有的逃归乡里，有的聚拢起来，变成割据一方的土匪强盗，逐渐形成南宋初年的内部隐患。

李清照对靖康之耻有无创作，历史没记录。她或许写了，没有流传下来；或许没写，巨变突至，无心作文。纵使作文，风格也会与之前不同，然而又何止李清照，相当多的文人被时代阵痛刺激，文风陡然变化，纵情山色转为悲慨愤懑，缠绵情爱转为沉郁顿挫。在家国兴亡面前，从前的小情小爱、伤风悲月、寞寞轻愁，所有的小我情绪，轻薄不如一粒尘埃。

《文心雕龙》写有“文变染乎世情，兴废系乎时序”。文学不是悬在天上的浮云，终究得扎根在现实生活中，与时代变迁同命运，太平时风花雪月的抒情放入乱世生灵涂炭的惨象里，会有巨大的疏离感。

清代传奇剧《桃花扇》，行将曲终时，演绎到明朝灭亡，历经磨折的李香君与侯方域终于重逢，执手相顾，互诉旧情，却遭当头棒喝，当此天翻地覆，还恋着情根欲种，岂不可笑？家没了，国没了，剩下这点儿花月私情，有何意义？

剧作以近乎泯灭人性的极端笔触，戳破了男女情爱的纸糊面孔，却凸显了个人命运被置于家国覆灭的大环境下，其实无足轻重。亡国撕裂了整体秩序，一并撕裂了个人的寻常欲求。男欢女爱也罢，柴米油盐也罢，不碍大务的私心杂念也罢，唯处在太平光景，才有意思。

李清照年少时创作《浯溪中兴颂诗和张文潜》，批判历史上的“安史之乱”，以警示当下。人到中年，遭逢她这个时代的“安史之乱”，她无可逃避，却可秉笔记录，以她一个女人的视角，将后人代入当年，那时的她和无数人，会怎样活着，又如何死去？

“安史之乱”前的杜甫与“安史之乱”后的杜甫，同样的是天赐诗才，不同的是澎湃在怀的悲悯家国沦丧之情，正是这一直萦绕在怀的对国家、对人民的深度关切，最终将他的诗推向“诗史”的崇高地位。

家国不幸，诗家却可从这不幸的血泪里孕育出伟大作品。

第九章

南奔

今年海角天涯，萧萧两鬓生华。

——李清照《清平乐·年年雪里》

靖康二年四月，金军挟徽、钦二帝北上，同时押解远行的还有徽宗的众多儿子，赵氏皇族在靖康国难中，几乎被一网打尽，唯有一个儿子，因早先奉命使金，侥幸得脱桎梏，这儿子便是宋高宗赵构。

该如何评价赵构？南宋史官为了树立偏安王朝的正朔地位，宣扬赵构是延续宋祚的中兴明君，而后世的评价刺透了南宋史官的文过饰非。赵构其人，能力有，手段有，但心思脏污狼藉。

宋史学家王曾瑜先生的《宋高宗传》有过犀利论断："一个太平享乐的风流皇帝坯料，经过特殊环境的熔炼，养成了多种难以言喻的特殊性格。首先，一个雄健大丈夫的体魄，却很不协调地包裹着一个卑怯得出奇的灵魂。……帝气和十足的奴气合于一身，这在历史上是罕有其比的。"

就是这么一个帝气与奴气组合的畸形怪胎，却成了最高统治者，老百姓的安全屏障、国家复兴的指引者。所以自南宋立国伊始，便患了软骨病，奋战到底是意外，逃命苟安是常态。

靖康元年十一月，赵构出使金国，至二年四月金人北返，五六个月时间里，赵构一路绕山绕水，刻意避开金军锋芒，拖拖拉拉，迟迟疑疑。河北兵马大元帅的诏命到手了，麾下人马齐集了，宋钦宗请他驰援东京，他偏生不做回应，而是哪里安全往哪里跑，坐看东京城破，他赵氏一家老少被金军裹挟北去。

终于磨蹭至五月，赵构在南京应天府称帝，受命礼毕，不由恸哭，还遥谢“二帝”，不好说到底哭个什么。

赵构的继位敕文义正词严地宣告：“勉徇群情，嗣登大宝。宵衣旰食，绍祖宗垂创之基；疾首痛心，怀父兄播迁之难。……呜呼！圣人何以加孝？朕每怀问寝之思，天子必有所先。……同徯两宫之复，终图万世之安。”

敕书表达了新皇帝的孝心，虽登大宝，乃心无时不牵挂受难的父兄，必要迎回二帝，以求万世之安。所以“迎二圣”是赵构率先喊出的口号，先裱糊出光彩面皮，给政权的合法性提供道义基础。颇有些人认为“迎二圣”是岳飞的自作主张，故而触犯了赵构的忌讳，那是不了解历史，更是对岳飞的误解。

新帝改年号为“建炎”，新年号寄寓新朝的愿望，即“重建宋朝基业”，因宋朝属火德，“火”是宋朝的根基，“炎”又由两个“火”字组成，可见新帝之期盼。期待宋朝重建基业，至于建成什么模样，新皇帝的心里是清楚的，只是现在不便公然说出口。

为了营造新朝新气象，皇帝宣称他要容受直言，可皇帝一向口是心非，言行上的南辕北辙是他的本真性格。他继位才三个月，便诛杀陈东与欧阳澈。陈东，太学生，在东京保卫战时率万人拜阙上书，欧阳澈也曾上书进言指责当政者。一个有煽动群众前科，一个说话刺耳难听，皇帝到底容受不得，那就砍吧，再把头颅悬于通衢，警告天下不安分的多嘴者。两人的遇难破除了北宋不杀言事士大夫的传统。杀戒一旦开了，手便滑，后来皇帝杀岳飞，只是出于惯性。

高宗皇帝登基的前两个月，还是靖康二年的三月，赵明诚的母亲在江宁府病逝。才经国亡大变，又逢亲人亡故，灾祸降临从不管人是否愿意承受。因为奔丧事急，赵明诚先期南下，留下李清照在淄州处理后续事务，尤其要思量如何处分淄州寓所与青州老屋的收藏。大概他们都有预感，战火将会烧遍北方地区，南撤是迟早的事。

建炎元年（1127年）七月，新朝任命赵明诚知江宁府兼江东经制副使。按照一般规矩，赵明诚母亲才过世四个月，他应在守孝期，三年内不能担任任何官职，或是新朝甫立，人才匮乏，非常时期只得从权，遂将他“夺情”起复。

十月，皇帝行在[①]迁往扬州，赵构登基后，虽口口声声“迎二圣”，还要返回旧都，洒扫陵园，行动上却一直往南迁，避寇之心众目昭彰。

与皇帝南迁差不多同时，李清照也赶赴江宁。此时北方局势越来越紧张，金军对京东路[②]、京西路[③]不遗余力地扫荡，州县残破，

① 本作“行在所”，帝王所在的地方。——编者注

② 路名，北宋至道十五路之一。治宋州（今河南商丘市南）。——编者注

③ 路名，北宋至道十五路之一。治河南府（今河南洛阳）。——编者注

人民流离，乱兵匪患遍布山野，金军可骇，失了朝廷约束的逃兵也可怕。

经历过靖康国难的庄绰在《鸡肋编》中用沾血的笔，记录了国难之下的人间惨状："自靖康丙午岁，金狄乱华，六七年间，山东、京西、淮南等路，荆榛千里，斗米至数十千，且不可得。盗贼、官兵以至居民，更互相食。人肉之价，贱于犬豕，肥壮者一枚不过十五千，全躯暴以为腊。"

乱世中，人命贱如猪狗，过往的雍容风流、精致优雅，不名一文，全都不如活下去重要，而活下去，却要付出最昂贵的代价。

虽在淄州任官不过两三年，赵李夫妇的藏品多得若要全部运走，却已是不可能完成的任务。李清照迫不得已，对淄州的藏品进行了分离，先舍弃厚重难搬的书籍印本，又舍弃多幅过长的画作、无款识的古器，再舍去价值泛泛的监本书、艺术水准寻常的画。尽管忍痛舍了很多藏品，剩下的藏品仍旧装满了十五车。除此之外，尚有青州老屋十余间海量文物，李清照的计划是待明年春天寻找机会，用舟船载运至江宁。

李清照便先押着十五车藏品，自山东出发，往南渡过淮水，又渡长江，走的应是运河线。路上风波浩荡，或遇见拖家带口逃往南方的失土百姓，或撞见横陈荒野无人收埋的尸骸。身后那堆满文物的舟船，摇摇晃晃，水声泱漾，划开的波纹歪歪扭扭，前途如何，只余惘然，这是怎样的仓皇与凄凉？

上千里的跋涉，备尝辛苦，李清照抵达镇江时，是建炎二年正月，新年在艰辛旅途中蹒跚来到，未料竟突遇兵乱。这次兵乱，就是赵明诚在蔡襄法帖的题跋中提到的“江外之盗再掠镇江”。

“江外之盗”指的是什么？有两种说法。

一是指发生在建炎二年正月的张遇陷镇江之事。张遇原是真定府马军，河北沦陷，朝廷军队成了一盘散沙，张遇聚众为盗，诨名为“一窝蜂”。这群兵匪南下渡江，水陆并进，扰乱沿江诸郡，于正月攻陷镇江。

二是指发生在建炎元年八九月间的赵万哗变之事。赵万也是军人，因上峰贪污，士兵哗变。赵万是其中一支闹事队伍的叛兵，曾攻略无锡，被赋闲在家的李纲以家财散去。赵万于九月占据镇江，叛兵在镇江纵火杀人，死者数万。但镇压叛兵的官军也非风纪肃然的“王师”，他们一样横夺金帛，抢掠妇女。

古来有句俗语：“匪过如梳，兵过如篦。”匪徒掳掠百姓，过境之处，如蝗虫食谷，寸草不生，可兵不比匪好多少，只怕更凶残些。何况南宋初年的众多匪寇原就是官军脱了戎装，取个诨名，就变成自由杀人、自由抢劫的江湖大盗。

李清照经历的是哪一次兵乱，从考据的角度来说很重要；从体验乱世的恐怖失常来说，似乎关系不大。

金军的铁蹄尚在数百里外，眼见便要饮马长江，自己的军队不去抗敌，倒先祸害起老百姓，李清照亲身经历兵祸，这应是镌入她心里最深刻的体会。

她是如何从镇江平安离开的？是躲在乡野，等着镇江叛乱平息再动身，还是趁着乱局刚起，抢先奔逃？如今已无从了解。建炎二年春天，劫后余生的李清照抵达江宁，那十五车文物是不损分毫，还是遗失有半，李清照没有明说，从常情推断，多少会有些损失，只是还没到后来散失殆尽的地步。

李清照渡江运至江宁的文物中就有前述的《赵氏神妙帖》，赵明诚题跋此帖，寥寥数笔，写尽了妻子为护文物经历的危险，可知于战乱时代转运文物何其不易。

李清照在江宁待了一年半，隔着长江，广袤中原的兵戈交错、大片丢失的国土、流离失所的难民，恍惚见不到、听不到。生活暂时安定下来，李清照尚有闲情在大雪天出游寻诗，留下一段前述《琅嬛记》里的逸事。这是确有其事，还是后人的夸张？总觉着有股别扭的嘲讽味儿，像是在讥诮李清照过剩的文艺情调，一并对深受其害的赵明诚聊表同情。

南渡后的李清照，亲历亡国大变，总有些话想说，有些情绪要表达。那些话会不会像笔记里形容的那样文艺情调泛滥，难以断言，但她确实针对当前不堪入目的时局，以诗达意，可惜是断章：“南渡衣冠少王导，北来消息欠刘琨。”

王导与刘琨皆为东晋名臣，一个在南方辅佐新君，延续晋祚；一个在北方坚持抗敌，遵奉晋朝。东晋再是偏安王朝，有王导与刘琨支撑时局，而同样被敌人冲溃国本，同样痛失中原故土的南宋有什么呢？有漫山遍野肆虐横行的兵匪，有一心逃命只求苟安的朝廷，有无廉耻、无节操的士大夫。

全心抗战的忠义之士有没有呢？当然有，但都不占朝廷的主流，因为皇帝怕金人，士大夫怕金人，闻风嗅到金人兵甲上的铁锈味儿，要吓得尿裤子。所以建炎三年春，金军突袭扬州，原来装模作样支起朝廷门面的皇帝行在彻底崩溃了。

闻说金国铁骑即将突进扬州城时，忽然来临的噩耗炸雷似的轰在赵构头顶，吓得他从此患上隐疾，丧失了生育能力。

尽管北方战火连绵，而朝廷置若罔闻，上上下下对迫在眉睫的战争毫无准备，乍听金军来袭，唯有狼狈出逃。

于是扬州一城老少，皇帝、官员、军人、百姓，蜂拥出城，因城门窄小，人流过多，人们相互踩踏，死相枕藉。运河自扬州至瓜州，舳舻相衔，公私货物满载，然水浅江涸，舟不得行。十几万无舟可济的百姓挤在瓜洲渡，哭天抢地，乘时射利的摆渡舟子，坐地抬价，一人需付黄金一两方能坐船渡河。

皇帝跑了，军队也跑了，金军未遇任何抵抗，轻松进入扬州城，一把大火烧将下去，“城内烟焰烛天，臣民子女金帛所储，为金人杀掠殆尽”。金军游骑抵近瓜洲，那十几万渡不了江的百姓，“奔迸堕江而死者半之”。

皇帝抗金无能，逃跑却是行家，帝王仪仗可以不要，御膳供奉可以减少，只要有命就行。皇帝一路狂奔到了杭州，赶紧下了一道“罪己诏”，以为呜呼哭一通，天下人就原谅了他的无耻。

五六千金军骑兵，兵不血刃拿下拥有几万御营军的皇帝行在，这是南宋历史上可耻的失败之一，而更可耻的失败还在后面。

皇帝不顾子民死活，底下宦官有样学样，轻慢诸将，肆意扰民，这让御营军甚是不满。于是两个御营将领苗傅和刘正彦发动叛乱，诛杀宦官，逼着赵构禅位太子，他为太上皇，这便是“苗刘之乱”。同签书枢密院事兼任江、淮、两浙制置使，江宁知府吕颐浩，与礼部侍郎、节制平江府常秀，湖州、江阴军军马张浚闻变，知会将领韩世忠、刘光世、张俊，联合出兵平叛，击败苗刘叛军，至四月，做了一个月太上皇的赵构复位为帝。

之所以详录吕颐浩的官职，是为了强调其“江宁知府”这一差遣，若吕颐浩是现任江宁知府，原来的江宁知府赵明诚又在做什么呢？

当扬州陷入一片火海时，江宁却是暂时安全的，赵明诚接到了湖州知府的新任命，收拾行装，准备赶赴任所，而平静的江宁府，一场事变正在酝酿。

赵明诚要收整的最贵重的行装，是李清照护送来江宁的十五车文物，也是夫妇俩目前仅存的收藏。原来计划载舟运来的青州老屋所储藏品，也是赵李夫妇二十年的心血，已在一年多前，化为煨烬。

建炎元年十二月，临朐土兵聚众为乱，青州知府曾孝序命将官王定率兵千人追捕之，却大败而归。曾孝序不准败军入城，勒令他们力战赎罪，不然军法处置。王定知道如此一来，必定自投死地，于是他煽动士兵叛乱，夺门斩关而入。曾孝序力不能制，被叛军杀害。

青州深陷兵祸，归来堂毁于战火，翌年正月，金军占领青州，那点儿文物残灰也拿不回来了。

二十年上下求索，二十年苦心经营，积累了十余间屋的图书文物，经历一次兵变、一场烈焰，化为乌有。这是乱世中物的归宿，亦是人的归宿，不过都是草芥罢了，从前太平年月的雅致情趣，碰上嗜血的刀兵，脆弱不抵轻轻一刺。

正当赵明诚准备交接政务时，御营统制官王亦率京军驻扎江宁，欲谋叛乱，与同党约好以晚上纵火为号。江东转运副使、直徽猷阁李谟暗中得知，疾驰告知赵明诚。可赵明诚正在准备去湖州赴任，一是他已接到新任命，自认江宁事务与他无关；二是他对李谟的话有怀疑；三是他确实不知如何管，便没当回事。李谟得不到守臣的意见，只好自己决断，饬令兵将率所部民兵埋伏在街巷，竖起栅栏，作为障碍。待入夜时分，天庆观果然遭到叛军纵火焚烧，叛军鼓噪入城，却因李谟早做防备，各条巷口皆有守卫，叛军冲不进城内，成不了事，不得已砍凿南门奔逃。

天明时，经过一夜紧张的攻防战，江宁城终于恢复了平静，僚属们访求还是江宁守臣的赵明诚，人却不见了，去哪里了呢？原来前夜战况激烈时，赵明诚和通判府事、朝散郎毋丘绛，以及观察推官汤允恭，攀着根绳子，翻出城墙，已出逃久矣。

当一个地方山雨袭来，该地方的正、副长官竟然翻墙逃跑，置子民于危境，也置自己的家眷于危境，平日里他们纵有千般容止、万般雅量，真正的考验来时，骨子里的怯懦、自私、无能就彻底暴露出来了。

赵明诚是个杰出的学者，但他不是一个合格的官员，也没有特别高尚的气节，平头百姓没有文人读书多，没他们会讲大道理，若危难当头，尚且能慷慨悲歌，为国赴死，一个拥有极高文化修养、得到那个时代最大红利的士大夫竟然做不到。

赵明诚放弃责任出逃了，可他的结发妻子李清照还在城里，他最珍爱的文物也在城里，这是李清照拿性命保卫的十五车文物。相较于妻子李清照的果决坚毅，在这个夜晚，他的品行太卑弱了。这是赵明诚一生最大的污点。

不知李清照作何感想，她后来撰写《金石录后序》，回忆了很多往事，却对丈夫当年的污点只字不提。因为她在那个特殊时期见惯了士大夫的恶劣行径吗？贪生怕死之徒真如恒河沙数，莫说随处可见的翻墙出逃，献城投降者也比比皆是，或者因为毕竟是丈夫，一点儿私情私心让她说不出口，当时说了，也不想后来付诸文字，她要为丈夫保留最后的体面。

但其实这更多的是李清照的体面，未必是赵明诚的体面，他的渎职行为被郑重地记在史书上。他作为庸官的典型，为后人做警醒：身负守土责任的地方官，在危难关头，该怎么履行职责？

赵明诚渎职弃城，受到朝廷惩责，遭罢免职务，往湖州赴任就落了空。夫妇俩离开江宁，乘船溯江上芜湖，过姑孰（今安徽当涂），欲往赣水定居。

从江宁至芜湖，会经过乌江（今安徽和县东北），此处正是当年项羽兵败后自刎之地，那儿有一座西楚霸王祠，李清照前去拜谒，为此写下《夏日绝句》：

> 生当作人杰，死亦为鬼雄。
> 至今思项羽，不肯过江东。

短短四句，打了南宋一众偷生君臣的脸，也打了赵明诚的脸。身为天下共主的赵宋皇帝弃土，身为地方官的赵明诚弃城，一样是放弃责任，谁也不比谁更有脸面。上头不思进取，怕辛苦，怕牺牲，怕付出，不肯实施长期规划，只为短视私利；下头风行草偃，人人把自私自利当成信仰，放弃抵抗，一心投降，贬低牺牲，只为苟活，这国家还有何希望？所谓中兴炎宋只是笑谈。

建炎三年五月，赵明诚行到池阳（今安徽贵池）时，忽收到朝廷旨意，要他再次知湖州。赵明诚在江宁的失职没让朝廷彻底弃用他，成百上千的地方官行为有亏，不多一个翻墙的赵明诚，连皇帝也和老百姓抢门逃出扬州城，如何去苛责士大夫。

这时，皇帝已从杭州北上江宁，将江宁更名为“建康”，赵明诚新得官身，按朝廷规矩，应赴行在，面君谢恩，他没携妻子同行，孤身奔赴建康。

在后来李清照的回忆里，那时的赵明诚处于某种奇怪的精神状态：“舍舟坐岸上，葛衣岸巾，精神如虎，目光烂烂射人。”到底是赵明诚因重获仕途兴奋得难以自持，这对功名利禄的狂热欲求让李清照反感，还是越刻画赵明诚现在状态良好，越能显出他后来重病垂危的突发性。

夫妻一个在船上，一个在岸上，便要道别。李清照的情绪很糟糕，过往的重重挫折，前路的茫茫未知，都让她生出不好的预感，仿佛一经此别，会有无穷烦恼等在未来。

赵明诚已奔出去老远，她追着赵明诚问道："如传闻城中缓急，奈何？"意思是若遭遇紧急情况，我该怎么做？赵明诚举手摇指，大声回答道："从众。必不得已，先弃辎重，次衣被，次书册卷轴，次古器，独所谓宗器者，可自负抱，与身俱存亡。勿忘之。"言毕，策马奔走，再不可见。

李清照一直抱憾于赵明诚没有留下一字遗言，但当年池阳分别的话，实是赵明诚的最后嘱托，李清照记下来了，努力践行了，这却给她带来沉重负担与潜在危险。当此兵荒马乱，一名女子负载文物远徙，既要躲避刀兵，又要保得文物安好，她如何能两全？

急着赴行在面君的赵明诚冒着酷暑赶路，农历五六月的江南，热得人要融化了，而赵明诚却不得一日休息，连日的奔波让他疲惫不堪，或也有水土不服的原因，赵明诚是北方人，不能适应南方的湿热。若体质虚弱，疾病就会找上门来，赵明诚不幸感染了疟疾，终于奔到建康，他却一病不起。

起初，赵明诚以为自己能熬过去，并没有知会妻子，奈何病转沉疴，自觉难愈，才写信告诉李清照。七月末，李清照收到丈夫卧病的书信，一时惊惧，她了解赵明诚是个急性子，忽患热症疟疾，一定会服用柴胡、黄芩一类的寒凉药，如此非但治不好病，还会适得其反，让病情加重。

李清照立即解舟东下，一夜疾行三百里，待她赶到建康，果然，赵明诚服用了寒凉药，又是高热，又是腹泻，人已病入膏肓，危在旦夕。

当此死诀之际，从前或有过的分歧、生过的嫌隙、发过的埋怨，都可忘记，也可和解，人生诸多事，有什么能大过生死？

李清照悲恸至极，却是回天乏术，竟自不忍心向赵明诚问后事。挨到八月十八，赵明诚自知大限已至，撑起力气，援笔写诗，诗成而命绝，终年四十九岁。

赵明诚最后写的是什么诗，他是在与死亡比邻时突发灵感，还是书写旧诗代为遗言，李清照皆未提及。垂死之时，诗意从何而来，倒是个疑点，但可以确定的是，此诗并非交代后事的遗言，因为李清照明言："殊无分香卖履之意。"

就是这句话让后人纷纷揣度，作为赵明诚有小妾的证据。"分香卖履"，典出曹操的《遗令》："余香可分于诸夫人，不命祭。诸舍中无所为，可学作履组卖也。"

曹操内闱众多，临终之时，家资剩得些许香料，诸位姬妾可分一分，往后生计，女人们应自力更生，可以学做鞋履贩卖。后陆机偶然读到《遗令》，心生凄伤，写了一篇《吊魏武帝文》，再大的英雄，从白骨堆里滚出来偌大的功业，数十年见惯了别人的死亡，当自己的死亡来临时，却要絮絮叨叨交代琐碎的家务事，未成年的儿子交托何人照顾，女人们往后如何生活，都不厌其烦地一再嘱咐，陆机因此叹息道：“伤哉！曩以天下自任，今以爱子托人。同乎尽者无余，而得乎亡者无存。然而婉娈房闼之内，绸缪家人之务，则几乎密与。”

何其伤痛！从前以振兴天下为己任，如今行到末路，只能将爱子托付他人。人一死，形神俱灭；命一绝，身识齐亡。曹操而今也碰上这样的情况。然而委屈缠绵于闺房，殷勤留意于家务，未免太细碎了。

曹操《遗令》里的“分香卖履”，针对的人物是妾室，但“分香卖履”的背后深意，是曹操担心自己死后家人的生活着落，所以他要刻意交代明白。典故有特定情景，经过时间发酵，原初的含义会发生变化，后世引用时，用的往往是引申义。

与其将李清照笔下的“分香卖履”理解成妾室，不如说是交代后事的比喻。再者，就算赵明诚有妾室，李清照如果在此处提及妾室，会使文气断开，显得前后文衔接突兀。

李清照不忍向赵明诚问后事，他也来不及安排后事，就匆匆辞世。近三十年的夫妻情分，一旦天人永隔，死去不可回，亡者不得归，莫大的悲伤落在心上。送亲人最后一程，对活人来说极为残忍，亲人临终时的每一幕片段，将会在未来的无数瞬间，忽然推涌至眼前，被时间暂时消解的伤心会卷土重来，在痊愈的伤口上再来一刀。

五年后，李清照为赵明诚遗著作序，追忆前事，不胜唏嘘，那一句“今手泽如新，而墓木已拱”，道不尽的凄怆遗憾，时间只能淡逝悲伤，却带不走悲伤。

李清照也曾为赵明诚写有祭文，仅存佚句：“白日正中，叹庞翁之机捷；坚城自堕，怜杞妇之悲深。”

庞翁者，典出《景德传灯录》，襄阳有个庞蕴居士，行将寂灭前，他叫女儿庞灵照出门瞧一眼日头早晚，若是正午，即来告诉自己。女儿很快回来说道：“已是日上中天，但有日蚀。”庞蕴出门去看日头，返回时，女儿已坐在他的位子上，合掌而亡。庞蕴笑道：“我女儿真锋捷。”于是延后七日死去。“锋捷”是佛家语，指机敏。

杞妇者，典出《左传》，齐国与莒国作战，齐国将领杞梁在战争中受俘被杀。战后，齐侯归国时，在郊野遇见杞梁的妻子，因遣使吊丧，杞梁妻子拒绝了，她说在郊野吊丧不合礼，齐侯便改去她家吊丧。这个故事经过后世的不断演绎，先是杞梁妻哭战死的丈夫，哭崩了城墙，最后流变成孟姜女哭长城。

李清照用这两个典故，是说赵明诚先己而亡，走得太匆忙，而自己像那哭崩了城墙的杞梁妻，满心的悲痛无处排解。

突然丧失至亲的震动与哀恸，短时间难以消除，心情的抑郁加重了身体的负担，办完丧事，李清照大病一场，用她自己的话形容，是“仅存喘息”，仿佛要即刻追随亡夫而去。

而人间的苦难从来都是接踵而来的，一重折磨追着一重挫跌，不会因为你刚遭大变，便给你留存情面，天实无情，再多的祈祷祝愿也没有用。

北方游牧民族对中原王朝的攻势，自来是秋冬季节遣兵深入，而盛夏返回北国避暑，故而中原政权把对北方游牧民族的防御战事，称为“防秋”。建炎三年八月，即赵明诚病逝的这个月，朝廷为今年“防秋”考虑，先期遣散后宫，于是，隆祐皇太后等三百多名后宫女眷，在官员的护送下，前往洪州（今江西南昌）避难。闰八月，皇帝也离开行在建康，南撤杭州。

十一月，完颜宗弼（兀术）自马家渡过江，守建康的杜充投降金人，建康失守。身在越州的赵构听说金人已下建康，只想跑得更远，与众臣僚合议后，决定航海避敌。十二月，皇帝来到明州（今浙江宁波），在此登船浮海，开始了五个月的海上逃亡生涯。

在建康养病的李清照，病中不得安生，各种骇人的小道消息传入耳中，听说朝廷已禁渡长江，又听说朝廷遣散后宫，俨然事态急迫，金军顷刻将至。纵是病体违和，李清照也不敢坐以待毙，摆在她面前最大的难题是藏品该如何处置。

这时李清照尚存的藏品，还有书二万卷、金石刻二千卷，其余器皿、茵褥类什物不可数。时势一日急于一日，李清照忽然想到赵明诚的妹夫李擢任兵部侍郎，正扈从皇太后前往洪州。她当机立断将大部分藏品打包，委托赵明诚的两个故吏带去李擢处，请他代为保管。

李清照原以为既然太后往洪州驻跸，洪州便是安全之所，将藏品送去那里安置，总能保得万全。可十一月，金军破洪州，太后一行四散逃逸，上万扈从卫士奔溃，后妃要靠村夫担轿子甩脚板跑路，金军对洪州实施残酷屠城，人尚且不能逃出命来，哪还有余力管物，李清照托为代管的藏品在战乱中散为云烟。

也在此乱局之下，李清照两个担任地方官的舅舅放弃守土之责，屈膝投降金人，其中一人正是秦桧的岳父王仲山。同是亲戚，妹夫傅察一腔浩然气节，宁死不屈，舅舅们却甘心做汉奸，彼此品格俨然霄壤，但舅舅们令人不齿的屈膝行为，不过是那时软骨头的士大夫们的寻常行为罢了。要么降，要么逃，这是在山河破碎时最容易的选择，而奋起抗争需要付出莫大代价，对王仲山之流来说，代价丝毫不肯付出，投降则顺理成章。

李清照失了藏品，也失了溯江避难的念想，她整理留在身边的最后藏品，只有少量轻小卷轴书帖，手抄本李白、杜甫、韩愈、柳宗元集，《世说新语》《盐铁论》，汉唐石刻副本数十轴，三代鼎鼐十几件。这是李清照的全部身家，比她的性命更重要。

金军旦夕将至，而这点儿最后的藏品也要妥善护佑，那是丈夫留在世上的念想，承载着他们夫妻三十年的情谊，李清照该何去何从？

李清照有个弟弟李迒，任敕局删定官，正追随圣驾南撤，她决意去投靠弟弟。一是有亲人照应，多少行得方便；二是跟着皇帝跑，总好过毫无章法地乱跑一气。

于是李清照追着皇帝的行踪往南奔去，先至台州，皇帝却早就逃远了，台州守臣已弃城遁逃。李清照不得已又前往剡溪（今浙江嵊州西南），改走水路，为了轻装上路，她把衣服、被褥都舍弃了。因打听到皇帝正驻次台州章安镇，李清照便急走黄岩（今浙江宁波奉化区），雇舟入海，终于追上行朝[①]。

皇帝行朝在章安镇待了半个月，此时已是建炎四年正月。金军自破长江防线，大肆搜山检海，对皇帝紧追不舍。皇帝心里发虚，哪里都不敢久驻，立即再往温州，二月泊于温州江心寺，三月，打听到金军已撤兵，行朝这才北上，五月，终至越州。

关于李清照的南奔路线历来有多种说法，因她的记述存在一些矛盾的疑点，她的逃亡路线与宋高宗的海上流亡路线是否完全重合，以及南奔的准确时间，她都没有给出答案，前人留下的历史空白，让后人无尽的想象乘虚而入。由此延伸出又一个说法，李清照急追皇帝，除了随在圣驾左右能多得方便，也是为了向皇帝当面辩白，恳请至高无上的皇权放过她，不要把一个寡妇逼到绝境。

上年八月，赵明诚病困之时，有个叫张飞卿的学士携一把玉壶，请赵明诚鉴宝。说是玉壶，其实并非玉，只是珉，似玉的石头罢了。张飞卿很快便携物离开，他这一走不打紧，谣言却骤然兴起。

谣言是什么呢？李清照说是“颁金之语”。关于谣言的解读，也有两种。

一是赵李夫妇要投靠金人，而张飞卿拿来给赵明诚鉴别的玉壶，正是他们要献给金人的见面礼。所以李清照大为“惶怖”，必

① 对流亡政府的一种称呼。——编者注

须面圣，向皇帝解释清楚，她和丈夫并没有叛国投敌。

二是“颁金”之“金”不是金人，综合历史文献考证，那不过是帝王赏赐群下时的常用语，换言之，皇帝要给李清照赏赐。那么，皇帝为何要颁金给李清照呢？

赵明诚刚刚过世一个月，还沉浸在死别悲痛中的李清照，忽有一日被一事惊扰，原来是和安大夫、开州团练使致仕王继先，想出价黄金三百两，买走赵李夫妇收藏的古器。

王继先是谁？赵构的医官，赵构有回脱口而出：“桧，国之司命；继先，朕之司命。”赵构在建炎三年春受惊病痿，从此，这难以言说的男人隐疾便与九五至尊生死不离，帝王威风、男人尊严，岂可罢手。因此王继先的出现，贴合了皇帝的隐秘需求，赵构怎会不宠任他？

权倾朝野的秦桧，向来以残酷手段镇压异见者，唯忌惮王继先，特命妻子王氏登门拜访王继先，与其结成干亲。两人一居朝内，一居朝外，互为援引，你举荐我的亲族，我推奖你的家人。

一个医官要收购赵李夫妇的图书古玩，这事听起来多少有点滑稽，可仔细思忖，一个靠着谄谀取悦君主的佞臣，能有多高的艺术修养呢？所以，真正想要获取藏品的人，应该是王继先背后的皇帝，王继先不过是站在前台吆喝的掮客。

赵构和他父亲宋徽宗一样，都具有很高的文化修养，都爱好集古。周密的《齐东野语》对宋高宗的艺术水准有过高度评价：“思陵（宋高宗）妙悟八法，留神古雅。当干戈俶扰之际，访求法书名画，不遗余力。清闲之燕，展完摹拓不少怠。盖睿好之笃，不惮劳费，故四方争以奉上无虚日。”

这段的后文罗列了内府收藏的古书画装帧法式，可知宋高宗确实收集了许多传世珍品，置身动荡岁月，敌人在身后如亡魂追索，他还不忘记费心访求书画。

赵明诚是当时盛名在外的金石学家与收藏家，他以二十年之力收集的古物当中不乏世所仅见的孤品珍品，会让不少心术不正的集古爱好者眼红，惹来皇帝的觊觎也不奇怪。

赵明诚尸骨未寒，皇帝就急不可耐地要占有他家的收藏，更何况“防秋”迫在眼前，朝廷上下张皇失措，不思如何应付金军，反去思谋死人的宝贝，嘴脸过于丑陋。恰此时，赵明诚的表兄谢克家在朝任兵部尚书，他向皇帝进言说：“这事若让远近知晓，恐怕会败坏皇上的名声，请让此事作罢。”

赵构到底觉得理亏，他郑重其事地给三省批复皇命，要追究王继先强买赵家藏品的前因后果。最后追究出什么结果，不得而知，毕竟皇帝只是做个样子，让这事不了了之，没人真的会去考问王继先强买赵家收藏的真实目的，认真查下去会戳到皇帝的脸面。

但经此一事，李清照紧张起来，风闻皇帝要以“颁金”名义收缴她的收藏，朝堂上还有密议此事的未名者要借机对她和亡夫下手。之所以王继先收购失败，是因为谢克家进言，若皇帝明确表示要她上交收藏，她根本无法拒绝，也不敢向皇帝索求赏赐，还不如把藏品全部献出去，以避免更大的灾祸。

李清照紧紧追赶皇帝行踪，是想找个机会将她仅存的收藏进奉朝廷。这里就出现一个记述矛盾，李清照说她赶到越州，而行朝已幸明州，这段李清照的自述穿插了张飞卿事后的讲述，然之前叙说的时间已至绍兴元年（1131年）三月，仿佛欲献收藏的事发生在绍兴元年，与建炎三、四年追蹑行朝南奔无关。但根据上下文反复推究，她的自述更像是补述，而非按时间顺序讲述。

李清照从建康追到越州，皇帝几乎跑得飞起来，她总是赶不上行朝的逃亡速度，好不容易抵达越州，哪知道行朝已行至明州，她再次错过圣驾。遇不上皇帝，却不敢将收藏留在身边，因此她把收藏连带赵明诚的《金石录》一起寄存剡溪。

如此却又出现第二处记述矛盾。前文提及李清照到黄岩后，雇舟入海，奔赴驻跸章安镇的行朝，应是已赶上了皇帝的御舟，后来才能“从御舟海道之温”。细读文意，以上与行朝错过的记述，说的是建炎四年年底至绍兴元年的行踪，而非建炎三年的南奔，算来应是李清照第二次追随圣驾，但矛盾的点在于，若是建炎四年年底“放散百官”后的避兵，赵构并没像建炎三年那样迁徙不定，他在越州长驻，一直待到绍兴二年，才起驾前往临安。如此，李清照仓皇不安地追赶行朝就不可能发生在建炎四年之后。

李清照到底有没有追上皇帝，欲献收藏是在建炎三年南奔时还是之后，“颁金”的历史真相是什么，张飞卿玉壶事为何引发谣言，李清照都没解释清楚。也许是事涉皇家，故而语焉不详，以致众说纷纭。

姑且将李清照对南奔的自述抄录如下，以备读者参考：

> 上江既不可往，又虏势叵测，有弟迒任敕局删定官，遂往依之。到台，台守已遁。之剡，出陆，又弃衣被。走黄岩，雇舟入海，奔行朝，时驻跸章安，从御舟海道之温，又之越。庚戌十二月，放散百官，遂之衢。绍兴辛亥春三月，复赴越，壬子，又赴杭。先侯疾亟时，有张飞卿学士，携玉壶过视侯，便携去，其实珉也。不知何人传道，遂妄言有颁金之语，或传亦有密论列者。余大惶怖，不敢言，亦不敢遂已，尽将家中所有铜器等物，欲走外廷投进。到越，已移幸四明，不敢留家中，并写本书寄剡。

两百余字的记录让读者看到，李清照那些年一直在路上奔波，居无定所，浮家泛宅，还要承受随时降临的战争威胁与无所不在的皇权压迫。

而她是一个女人，一个刚刚失去丈夫的寡妇，一个不知家在何处的飘零之人。她之不幸，是那个时代无数遭受战乱摧残的普通人的不幸；她之不幸，更是独属于她的不幸。

“今年海角天涯，萧萧两鬓生华”是李清照的《清平乐·年年雪里》中的一句，人在路上奔命，而人也渐渐老去。未来会如何呢？痛苦会在明天结束吗？平安会在明天来到吗？竟不敢想。

建炎四年夏季，李清照跟随皇帝御舟，跌跌撞撞来到越州，暂为栖息。这一年她四十七岁，丈夫死了，故土回不去了，她孑然一身，茫然四顾，那在过去数不清的独居日子里陪伴她的图书古物，也没有了。她还有什么？

让自己活下去的简单念想，仿佛灰烬里的一点儿微茫火光。

第十章

婚变

忍以桑榆之晚节，配兹驵侩之下才。

——李清照《投翰林学士綦崇礼启》

绍兴三年九月，谢克家在临安法慧寺观瞻蔡襄的《谢御书诗卷》，该法帖后有米芾的题跋，米芾称他是在大丞相天水公府见识此真迹的。大丞相天水公府，指赵挺之府上，赵氏以天水为郡望，故称天水公府。由此可推断，蔡襄该帖原为赵明诚的收藏。

谢克家与赵明诚为姨表兄弟，而此时赵明诚已辞世四年。谢克家观览故人收藏，无限感叹，遂题跋云：“姨弟赵德夫，昔年屡以相示，今下世未几，已不能保有之，览之凄然。汝南谢克家，癸丑九月十一日临安法慧寺。”

临安法慧寺，始建于五代吴越钱氏时期，苏轼守杭州时，曾在法慧寺眺望吴山景致，畅想历史兴衰，遂赋诗达情。绍兴三年，南宋朝廷诏法慧寺为接待外国使者的同文馆；绍兴四年（1134年），诏法慧寺为秘书省。

从文献记载的零散记录中可窥见，法慧寺那时已被朝廷征用，在谢克家题跋后的四个月，法慧寺将被建成秘书省，而秘书省正是宋朝的国家图书馆兼博物馆，由此推之，原属于赵明诚的蔡襄书法，现在的所有者是皇帝，自然不会是法慧寺的和尚。

曾经想要攫取赵明诚收藏的皇帝，终于得偿所愿，拿到了梦寐以求的传世法书。他还掳走多少赵氏藏品，无人知道，也没人敢去打听，就是当事人也保持了沉默。

而在四年前，赵明诚刚刚谢世，谢克家还曾进言皇帝，阻拦皇帝身边人索求赵家藏品，仅仅四年，赵家藏品已为皇家所有，从前仗义执言的谢克家也只能隐晦地表达遗憾。在秩序崩塌的乱世中，在无所不可占有的皇权威压下，收藏被抢走算得什么，便是性命，也是可以随时失去的。

建炎四年李清照被迫将铜器等物献给朝廷，因无法直抵御前，便将器物一体送往剡溪，当时皇帝正往明州而去，她想就近送去尊前。不想皇帝的面还没见到，官军在当地平定叛乱，乍遇“来路不明”的古器，才不管这些铜器是要献给谁的，既是价值不菲的古董，那就一律充公。李清照多方打听，据说全被一位李姓将军占为己有。

这样，李清照所余的收藏又是十去五六，她和赵明诚耗费二十年心血聚集的收藏，仿佛剥笋，一次次剥离下去，皮脱落了，肉撕碎了，每一次损失的疼痛都锥心刺骨，剥到最后，心也成齑粉。

残剩的五七箱书画文具，李清照再不敢寄托他处，日常放在卧榻下，时常翻出来看一看，哦，东西还在，完好无损，提吊的心才落回肚子里。

建炎四年十一月，因楚州沦陷，金人游骑至江上，朝廷震恐，下诏放散百官，从便居住，待来年春天再赴行在。一派乱哄哄的氛围下，李清照在越州待不下去了，于是趋衢州，第二年，即绍兴元年春，再返越州。

李清照在越州时，租了钟姓人家的房子居住，忽有一晚，有偷儿穴穿墙壁，盗走了五箱收藏。李清照悲恸万端，几不能活，立重赏赎买。过了两日，隔壁钟复皓拿着十八轴书画来求赏金，李清照洞察幽微，已知盗贼就在眼前，可又有什么办法！她一个漂泊异乡客，又是女人，人家要拿捏她，轻易如捏碎一片脆叶。无奈之下，李清照给了钟复皓赏金，至于其余收藏，纵然万计求索，再也找不到下落了。几年后，她方才探听到被转运使吴说贱价买得，便宜了别人，刺痛了自己，却是无计可施。

这位吴说贱买的藏品里，正有赵明诚从谢伋处借取的阎立本画作，为赚珍品枉费心机，反倒为他人作嫁衣裳。吴说是南宋初年有名的书法家，其独创的“游丝书”名噪一时，甚得皇帝称许。吴说早年攀着蔡卞的关系，往蔡京府上跑关系谋美差，人品自然谈不上有多贵重，因此排出三五铜板，买走来路不明的文物，只怕极是心安理得，并不觉得有何不妥当。

李赵夫妇留存的收藏至此十去七八，最后还剩一二残零不成整套的书册，三数种寻常书帖，李清照仍爱惜如护头目，她自嘲：“何愚也耶！”是愚也是痴，读书人的痴，集古者的痴，对过去眷恋放不了手的痴。

这爱惜的不仅是物，还有物上凝结的回忆，那回忆里，有太平光景里虽寻常但失而难得的生活。

绍兴二年，皇帝起驾移跸已改名为临安的杭州，李清照也随之往临安暂居。

似乎有一段短暂光阴，痛失至亲与连连损失收藏的李清照稍微缓过劲儿来，能分出余力去批判现实。这一年三月，朝廷策试诸路进士，新晋进士张九成的一篇“雄文”引得皇帝青睐，皇帝擢升他为第一名。

这篇让皇帝另眼相待的状元文章，到底有何别具一格的特点，在众多殿试策论中拔得头筹？可试读部分篇章：

> 陛下之心，臣得而知之。方当春阳昼敷，行宫别殿，花气纷纷，窃想陛下念两宫之在北边，尘沙漠漠，不得共此融和也，其何安乎？盛夏之际，风窗水院，凉气凄清，窃想陛下念两宫之在北边，蛮毡拥蔽，不得共此疏畅也，亦何安乎？澄江泻练，夜桂飘香，陛下享此乐时，必曰：西风凄劲，两宫得无忧乎？狐裘温暖，兽炭春红，陛下享此乐时，必曰：朔雪袤丈，两宫得无寒乎？至于陈水陆，饱奇珍，必投筋而起曰：雁粉腥羊，两宫所不便也！食其能下咽乎？居广厦，处深宫，必抚几而叹曰：穹庐区脱，两宫必难处也！居其能安席乎？

单这一段，给人的第一感受是行文用意虽在痛陈时局，而过分堆砌的华丽辞藻掩盖了文意，起到了反向作用，仿佛是用来揣摩皇帝心思、拍皇帝马屁的，有股难掩的谄媚气息。

为这状元策文，李清照大是看不惯，因作文讥诮，也余得残句：“露花倒影柳三变，桂子飘香张九成。”柳三变是柳永，“露花倒影”是他词中用语，而“桂子飘香”正出自上面引文，这是将张九成比作好写艳词的柳永，堂堂状元策文，写出柳永小词的流俗味道，文气卑弱，不可读也。

但凡活络些精气神，李清照便一如既往地犀利、刻薄，奚落状元文章又如何？南渡君臣不思进取，也被她屡次非议。前有“南渡衣冠少王导，北来消息欠刘琨”，后又有“南来尚怯吴江冷，北狩应悲易水寒”。

不过平心而论，上述引文只是张九成策文的支离断章，原文实有上万字。本场殿试的策题是“问中兴之本”，张九成进言皇帝去谗节欲，远佞防奸，励精图治，不懈进取，必能实现中兴。通篇洋溢着满怀的爱国热诚与忧君之思，并没有柳永的艳丽文风，即便那一段辞藻浮夸的形容，若放入全文，联系上下文意境，也不为过。

李清照的批评属于断章取义，对张九成不公允，而张九成其人，因为坚持抗金，冲撞秦桧，遭贬蛰居十四年，唯读书解经，不肯委曲求全与投降派同流合污。秦桧当政时期，多少饱学之士匍匐奸臣门下，为其大唱颂歌。张九成身处阿谀之风遍布朝野的氛围里，能特立独行，不为权贵折腰，是难得的有风骨的士大夫。

李清照看错了张九成，或者只是误读了张九成的文章。从她本心来说，并非出于恶意，她与那个时代心存正义的文人一样，鄙薄朝廷贪生怕死。朝廷唯求苟安，听见金人将至便闻风丧胆，只知跑到天涯海角，毫无勇气与敌人血战到底。

只是，这一点儿倏忽燃起的批判火花，在死寂一样的大环境下，也慢慢熄灭了。

那是宋金势力趋于对峙的时期，金朝搜山检海，也没能逮住赵构，灭掉南宋。长江天堑虽一苇可渡，渡过去却无法立足，金朝放弃了过江灭宋的速胜战略，专心经营民心不稳的北方，扶植起一个傀儡政权伪齐，以此作为宋金之间的缓冲带。

绍兴二年八月，在宰相位上才坐了一年的秦桧遭罢相。建炎四年末，秦桧携一家老少，包括小奴婢女，以及丰夥财物，从金军大营“逃”归南宋，赵构甚为赞许他，翌年便拜相，但因与吕颐浩争权，被告发结党营私，触犯皇帝忌讳，遂遭罢相。

为秦桧起草罢相制词之人，是时任兵部侍郎兼权直学士院的綦崇礼，其人“端方亮直，不惮强御”，由他操觚，这篇罢相制词用词尖刻，不留情面，几乎是指着秦桧鼻子疾声痛骂，《宋史》称为“恶无所隐”。秦桧对这篇制词深恶痛绝，待二次拜相，矫诏往綦崇礼女婿家追索制词草稿。

作为对头的秦桧和綦崇礼，却都是李清照的亲戚，秦桧是李清照的表妹夫，綦崇礼与赵明诚是姑表兄弟。秦桧罢相一个月后，正是这个綦崇礼，救下了身陷囹圄的李清照。

六个月前还在犀利评价状元策文，六个月后怎么沦为阶下囚？自建炎南渡以来，不断遭受打击的李清照，一日不得安生。这一场突如其来的牢狱之灾，起于何因，终于何故？这正源于李清照的第二次婚姻。

李清照改嫁与否是历史上的一桩著名公案，认可的与不认可的人争了几百年，尽管南宋时约有七种文献提到李清照改嫁，后人还是找出各种理由矢口否认。

记载李清照改嫁的南宋文献有：胡仔的《苕溪渔隐丛话》、王灼的《碧鸡漫志》、洪适的《隶释》、赵彦卫的《云麓漫钞》、李心传的《建炎以来系年要录》、晁公武的《郡斋读书志》。这些作者中，王灼、晁公武、洪适，他们与李清照是同时代人，应该清楚她南渡后的生活状况。

反对者却提出异议，不是所有与李清照同时代的人都说她改嫁，像赵明诚的表侄谢伋在《四六谈尘》中提及李清照，仍然称她为“赵令人”，“令人”是宋代命妇品级，“赵”是赵明诚，李清照若改嫁，她怎么还能享有因前夫官身带来的品级？而谢伋如此称呼，不怕人笑话他失察吗？再有，赵明诚的家人还活在世上，他的两个哥哥都是朝廷重臣，怎会对弟媳妇改嫁闹出的丑闻置若罔闻？最后，李清照在诗文里，自称“嫠妇”，她若改嫁，二婚丈夫尚未死，为何以寡妇自居？除非她未尝再婚，自始至终是赵明诚的妻子。孰对孰错？

其实，南宋人对李清照再婚的态度，除了三五个长舌文人肆意嘲笑，如胡仔说李清照再婚让“传者无不笑之”，晁公武说李清照“无节操”，其余人只专注于评点她的文学才能。理学大师朱熹也评过李清照，绝口不提她的再婚情况，只说李清照与魏夫人[1]是本朝能文妇人，还夸她丈夫赵明诚《金石录》写得好。

真正对李清照再婚纷起争议，始于明朝，这又是为什么呢？

以往有个认知，宋代理学兴起，对女性贞洁束缚更严格，尤其靖康之耻，许多贵族妇女被金人侮辱，丢了赵宋朝廷的脸，于是朝廷大力推行贞洁观，再配合理学推波助澜，妇女地位一落再落。但考据历史事实，以上说法并不完全准确，甚至多为小说家言。

首先，宋代对妇女的压迫，不比前代进步，也不比后代退步。通观古代社会，妇女一直处于弱势地位，然讨论历史问题，应放在历史环境里。宋代虽还是妇女受束缚的古代社会，但就再婚而言，宋代并不以再婚为耻，宋真宗尚且能娶二婚歌女，还立她为皇后，何况士大夫呢？范仲淹父亲早丧，他随母改嫁朱氏，一段时间还改姓朱，他从不忌讳母亲改嫁的事，对继父的养育之恩也念念不忘，常思报效。再如，王安石儿子患有精神病，他帮助儿媳妇和儿子离婚，给儿媳妇另找好人家再嫁。

其次，理学虽起于宋代，但在很长的时间里，没有获得官方认可的正统地位。北宋中后期统摄全国的官方学术是王安石的“荆公新学”，南宋后，理学还曾遭禁，被官方斥为“伪学”，直到宋理宗末年，理学才被正式确立为官学，但那时距南宋灭亡，已不剩多少年了。

---

① 中国宋代词人，名玩，字玉汝，词风婉约，与李清照齐名。——编者注

元灭南宋，接过了理学的衣钵，给予国家学说的至高地位，理学里的新儒学论说，以及偏颇的对人欲的扼制思想，被全面继承与全方位发扬。

元武宗至大四年（1311年），朝廷下达了一道对后世造成恶劣影响的诏书："命妇夫死，不许改嫁。"从此，夫死不准改嫁的要求从上层蔓延至民间。延至明清，贞洁成为套在妇女脖子上的枷锁，越勒越紧。这种令身心都窒息的桎梏，是中国封建王朝晚期的自我奴役，最终勒死了那个朽烂的封建时代。

女人还有一丝喘气的缝隙时，李清照再婚没被士大夫们当成争议话题。女人被彻底关在"铁屋子"里后，士大夫们像忽然睡醒了，将此话题提溜出来反复论战，几度唇枪舌剑，只为保住李清照的名节，维护她从一而终的"节妇"形象。

反对李清照改嫁最激烈者，莫过于清代学者俞正燮。他很是欣赏李清照，按今天的说法，他是李清照的狂热粉丝，为李清照立传，考据甚为着力，又为李清照改嫁辩诬，即使李清照有自认改嫁的书信，他也认定是小人为了诬陷名媛而捏造的伪作。他斥胡仔等记载改嫁的南宋时人"不明是非"，竭力否认李清照再嫁："非望易安以不嫁也。不甘小人言语，使才人下配驵侩。"说是"非望"，实际是"望"，因为他心中的才女，不可嫁给戆货蠢驴，污了名声。

有俞正燮先开一炮，陆续有其他文人站出来考据剖析，虽观点各异，但核心意思都是一致的，即李清照再婚不是事实。

拥有倾世之才、绝世之姿的李清照，应该是纯洁的，如此，才符合他们那个时代的道德标准。在心中建构一个完美的李清照的形象，这是文人读易安词时首要的事。

很多人看待历史人物，习惯以自己所处的时代为参考坐标，用当代的道德观念、价值取向去考量古人，那样呈现出来的历史人物形象往往会出现偏差。处于严苛礼法环境的明清人，用他们那个时代的女性道德规范去形塑李清照，只能看到一个不真实的李清照。

再嫁一事，是李清照后半生重要的人生变动，甚至可以说是有文献记载的最后一件影响她人生的大事，之后，关于她的人生轨迹，零碎不可组织成完整线索。好像是遭受重创，身心俱疲，李清照逐渐沉寂下去，偶有诗文问世，显示她那不甘没落的骄傲，她仍在时代的浩瀚汪洋上浮槎来去，而风急浪高，将她这一叶孤舟卷走，终于杳无踪迹。

李清照再婚，实是无可厚非，要讨论的是她为何会嫁给驵侩之下才。凭她的孤高心性，怎会看上一个龌龊无行的劣质男人？

她这么描述自己再嫁的因由："近因疾病，欲至膏肓，牛蚁不分，灰钉已具。尝药虽存弱弟，应门惟有老兵。既尔苍皇，因成造次。信彼如簧之说，惑兹似锦之言。弟既可欺，持官文书来辄信；身几欲死，非玉镜架亦安知？僶俛（mǐn miǎn）难言，优柔莫决，呻吟未定，强以同归。视听才分，实难共处，忍以桑榆之晚节，配兹驵侩之下才。"

按李清照的追述，她的第二次婚姻发生在她病入膏肓时，正当神志昏乱，只有个弟弟守在身边，于是便有无行小人钻空子，以如簧巧舌编出一套精美说辞，目的是骗婚。

首先是“弟既可欺，持官文书来辄信”，欺的是弟弟，那人拿着官文书来求婚，所以弟弟相信了他的谎言。正是这官文书，让俞正燮一通反驳，说：“易安，老命妇也，何以改嫁复与官告？”

俞正燮立论虽有误，反驳却很有道理，那么究竟是什么样的官文书呢？自然不会是俞正燮认为的官方戳印的结婚许可证，而应是“告身”，即古代官员的委任状。那人拿着一份告身，以证明他是朝廷命官，身份不低，配得上你家姐姐。

但“官文书”也可能用典，不一定是实指意义。这个典故源于韩愈所写的墓志铭，说是有个王适未做官前，想娶侯家的女儿，但侯氏家翁只想把女儿许给官人，不许白身。王适求媒婆为他求婚，欺骗侯家，称他是明经科[①]及第，正是官人。侯氏家翁让他拿官文书来证明，媒婆便在袖子里掖着一卷书，假作是官文书，侯氏家翁见媒婆袖中有书，信以为真，将女儿嫁给王适。故而此处的官文书，纵然确指他是告身，也着重在引出骗婚的喻义。

再次是“身几欲死，非玉镜架亦安知？”。“玉镜架”也是用典，出自《世说新语》，说的是温峤想续弦，看上了从姑的女儿，恰从姑要为女儿择婿，请温峤帮忙。温峤说：“佳婿难得，人才如我如何？”从姑说：“不敢期望像你一样，能过日子就行。”不久

---

① 中国古代科举考试科目之一。——编者注

后，温峤告诉从姑已觅得佳婿，拿出一枚玉镜台作为订婚信物。等到成婚，从姑女儿见到温峤，拊掌大笑，她说自己早就怀疑所谓佳婿是温峤这个老东西，果如所料。

与“官文书”相同，“玉镜架”仍是表示李清照被骗婚。然她“身几欲死”，人已病得奄奄一息，对骗婚毫无招架之力。李清照对求婚的态度却是“僶俛难言，优柔莫决，呻吟未定，强以同归”。她正在病困中，神志昏乱，还没说同不同意，便被强行娶走，这无疑是抢婚。

在这件事上，弟弟的立场有些微妙，就算支持姐姐再婚，也该让姐姐养好病后，健健康康地举行婚礼，怎么能在姐姐生病时，强行把一个虚弱的病人送出门？

自建炎三年南奔行朝，李清照应该是一直投靠弟弟，李清照没有子嗣，也没有什么像样的生活来源，养着一个清贫的寡妇，对弟弟来说也许是难言的负担。正好有人求婚，姐姐下半辈子终于有了着落，他也可以甩掉包袱，所以才显得急不可耐，生怕稍有迟疑，对方反悔，不肯娶他的寡妇姐姐。

那个同样急迫地要把婚事赶紧落实的求婚者，名叫张汝舟。这里需要特别廓清，同时期有两个张汝舟，后人经常将这二人混成一个人，当中的误解越搅越乱。

一个张汝舟是毗陵（今江苏常州）人，崇宁五年进士，为官清正廉明，直言敢谏，李清照再婚时，他已升任中书门下省检正诸房公事，不符合李清照控告后夫为当官“妄称举数”的行为。

另一个张汝舟是阳翟（今河南禹州）人，非进士出身，官阶低于前一个张汝舟，寄禄官位是右承奉郎，而毗陵张汝舟是朝奉郎，按照绍兴年间的官制推算，两者相差六阶。

阳翟张汝舟才是李清照后夫，他急着娶李清照，其实是想占有她的收藏。可他并不知道，李清照的收藏经过数次损失，所剩无几，或许正是因为他后来知道真相，觉得自己才是真的“受骗”，怒不可遏，才“遂肆侵凌，日加殴击”，对李清照实施家暴。也或许有李清照不肯屈就的原因，拒绝说出仅存的收藏下落，她顶着张汝舟的暴戾凶横，强忍了他三个多月。

李清照被骗再婚，遭遇后夫家暴，落入局天促地的困境，仿佛兔子掉进网罟，她生出再深切的绝望也能被理解，然而李清照想的不是逆来顺受，不是自我放弃，而是如何反击。

《建炎以来系年要录》记述了李清照的反击：“右承奉郎监诸军审计司张汝舟属吏，以汝舟妻李氏讼其妄赠举数入官也。其后有司当汝舟私罪徒，诏除名，柳州编管。”李清照向朝廷告发张汝舟以欺骗手段谋取官位，这算是以其人之道还治其人之身，一个人一事行骗，事事都可行骗，想揪他的小辫子，一抓即灵。

张汝舟非进士出身，为得官身，可向朝廷申请，根据他年岁几何，考过几次进士，朝廷优待屡试不第的读书人，会赐给他一定的官位，但若年岁太轻，科举考试次数太少，则不符合赐官条件。张汝舟显然是科举考试次数不够赐官条件，他为了当官，谎报了“举数”，朝廷未加详查，同意了他的求官申请。

这件阴事被李清照揭发出来，不清楚她调查了多久，用了多少非常手段，也可能为了掏出张汝舟的阴事，一度委屈自己，假作服软，无论如何，李清照将这个骗子送进了大牢，尽管她自己也要付出代价。宋代法律规定，妻子告发丈夫，即便丈夫真的有罪，妻子也当连坐，判处两年徒刑。

李清照不会不知道妻告夫的后果，可就算自己要下地狱，也要把张汝舟拖下去，这是属于她的决绝。她仿佛是被敌人逼到绝境的战士，挥起一刀，斩了敌人的首级，也斩断自己的后路。

正当李清照即将面临刑徒之灾，前面提到的綦崇礼出场了。《宋史》形容綦崇礼："廉俭寡欲，独覃心辞章，洞晓音律，酒酣气振，长歌慷慨，议论风生，亦一时之英也。"读其文，想其人，可知他是慷慨悲歌的豪气之士，若遇不公不平，必会出手相助，何况他与李清照有亲戚之谊。

綦崇礼向皇帝求情，采取的办法大概是解除李清照与张汝舟的婚姻关系，因为不是夫妻，她就不用连坐。对此，俞正燮又有话说："闺房鄙论，竟达阙廷，帝察隐私，诏之离异。夫南渡仓皇，海山奔窜，乃舟车戎马相接之时，一驵侩之妇，从容再降玉音，宋之不君，未应若此。"俞正燮的意思是堂堂天子，竟然管起低级官吏的家务事，诏令两口子离婚，宋高宗虽然不是个东西，可也不至于如此不堪。

擅长训诂考据的清代学者，立论虽迂腐，然分析史实疑点经常切中要害。宋高宗在戎马倥偬的时期，真的有闲心管下级官吏的婚姻吗？綦崇礼在李清照身陷囹圄时出手相助，仅仅是求皇帝赐予李清照离婚的权利吗？

若仅止于此，俞正燮的质疑就无从反驳，宋高宗可能真的很闲，偏要去凑臣下闹家务的热闹。然而赵构从来善于矫饰，装孝子、装爱国、装节俭、装勤政，装到他自己都信以为真，这一类会被人抓把柄的蠢事，他不会轻易为之。

因此，綦崇礼向皇帝求的恩典，解除婚姻关系是其次，首要的应该是恢复李清照作为赵明诚命妇的身份，命妇身份需朝廷册封，只能求皇帝恩允。只要李清照被朝廷认可为命妇，也就意味着李清照是赵氏嫠妇，后一段婚姻自然无效，其存在被轻易抹去，何须皇帝开口责令张汝舟与李清照离婚？

如此也就不难理解，为何谢伋提及李清照是"赵令人"，只因李清照为朝廷册封命妇，她仍然是赵明诚的寡妻，张汝舟与她生死不相干；也因为她是命妇，可以出入宫闱，后来才能为皇帝与后宫写节日帖子词。

绍兴二年九月，李清照入狱仅九日便被放出，被她告发的张汝舟，就没这么好运了。若按妻告夫的刑律论处，张汝舟算作自首，有司的判决是私罪徒，刑期大约是三年，也可用官身和财物赎罪，可他最终的判处竟是除名编管，成为庶人，送到偏远地区监视居住，处罚不可谓不重。

李清照得脱缧绁，给綦崇礼写了一封信，表达她由衷的感激，也倾诉她的惶恐与后怕："清照敢不省过知惭，扪心识愧。责全责智，已难逃万世之讥；败德败名，何以见中朝之士？”

纵然再嫁不是稀罕事，可在不能自由婚配的时代，她仍将面临极大的社会舆论压力，她预见自己会声名狼藉。她与丈夫赵明诚，因为爱好金石集古，更因为她的文采，二十年盛名在外，他们是让文人圈艳羡的恩爱夫妻，可她竟敢再嫁，最可笑的是所托非人，还让自己吃了九天牢饭。世人会唾弃她背叛了丈夫，背叛了她那个阶层的主流价值观，她与驵侩之下才有过一段丑陋的婚姻关系，身上似乎也沾染了驵侩之下才的流俗气，她再不是过去风流蕴藉令中朝之士称美的李清照，她是沉沦下僚的垂老嫠妇，在异乡踽踽独行，走向哪里，她不知道，后世人也不知道。

晁公武用极轻佻的语气描述李清照的归宿：“晚节流落江湖间以卒。”一个不持操守的女人晚年无依无靠，死不得其所，可怜也活该。

这是她最终的结局吗？

第十一章

老骥

木兰横戈好女子，老矣谁能志千里，但愿相将过淮水。

——李清照《打马赋》

绍兴五年（1135年）五月，朝廷向婺州（今浙江金华）下发一道诏令："取索故直龙图阁赵明诚家藏《哲宗实录》缴进。"

自靖康国难，典籍沦亡，掌持图书的馆阁缺书严重，朝廷数年遍求书籍，绍兴二年访问在泉州为官的赵思诚，缴进《国史实录》，三年后又在赵明诚家寻得《哲宗实录》。

《哲宗实录》总撰官是蔡京，赵挺之也参与其事，因而赵家得以收藏了这部实录。《哲宗实录》包括前实录一百卷，后实录九十四卷，总计近两百卷，着实是卷帙浩繁。

这部实录的保管者是李清照，经历战乱、逃亡、遇盗、骗婚等磨难，损失了十之七八的收藏，两百卷体量的实录竟没有散佚，不得不让人怀疑，李清照自称所余"一二残零不成部帙书册"，有夸大损失的嫌疑。可从她的角度考虑，夸大损失，有她非如此不可的隐忧。

人人皆晓赵明诚家收藏丰厚，仅艳羡称叹者有之，觊觎而图谋占有者更是指不胜屈，上自端拱九五的皇帝，下至带兵将领、地方大员、低级官吏，以及邻里强盗，一双双眼睛都盯着李清照的囊匣，耍尽各种手段，以金钱诱引，以权力施压，以骗术逼迫，或者干脆明抢，她刚刚结束的第二段荒谬的婚姻，究其根源，不正在于对方想攫取她的收藏吗?

自南渡以来，三五年间，李清照用尽力气保护她的收藏，却仍然没能阻挡大量藏品脱离掌握，被悍夫莽汉横夺，被穿窬偷儿窃走，甚至有部分收藏流入皇室内库。

一个失去丈夫的寡妇，在崩乱的世道艰难求生，却处处碰壁，时时触险，她受到的是结构性的欺压，似乎人人都可踩上一脚。遍地是不择手段的疯子，她与人家数落规矩道理，别人愿意还给她公道吗?

为了自保，她只能说她所余收藏零碎平常，这是在向外界贪婪的寻宝者求告，不要再来探看她的藏品，都非珍品、孤品，并不值钱。与其说这是李清照的聪明策略，毋宁说是寡妇在那个年代的无奈之选，她要活下去，就不得不用谎言给自己套上盔甲，阻隔无处不在的暗箭伤害。

但是谎言瞒不了无所不知的最高权力，朝廷最终还是打听到李清照这里存有两百卷《哲宗实录》，一把卸下她的盔甲，让前人后人都看到，李清照没有她自称的那样长物尽失。朝廷访问实录的前一年，李清照在临安写下《金石录后序》，她正是在此后序里提到自己收藏无余。

某一日，李清照翻出了赵明诚的遗著，感叹道："今日忽阅此书，如见故人。"故人赵明诚已过世五年了，不过五年，李清照承受了凡人难以负累的无穷折磨，种种悲酸涌上心头，桩桩回忆浮现眼前，她搦管落字，书写她的委屈、无奈、创痛，一并也书写她过去的自由、快乐、柔情。

要了解李清照，必读《金石录后序》，李清照的半生经历都在这一篇文章里，李清照一生的爱好痴望也在这一篇文章里，罹乱的文人遭遇更在这一篇文章里。

明代毛晋辑佚李清照词集，赞誉后序为："非止雄于一代才媛，直洗南渡后诸儒腐气，上返魏晋矣。"后序没有咬文嚼字的迂腐气与寻章摘句的板滞气，天然具有魏晋风流之品，也没有歇斯底里的牢骚气与恨天仇敌的偏执气，虽然叙述苦痛往事，仍是温柔敦厚的气质。

历经艰辛，备尝凄惨，依然保有一丝温情，所以当她回忆往事时，笔调是柔软的暖色，仿佛有阳光照下来，那一刻，纸面生光，从前的人与事都活了起来。

大约读书人很难不与此文生出共鸣，一生无别声色犬马之嗜，唯爱读书、藏书，却不得终生保有，李清照终是不平，喟然叹息道："或者天意以余菲薄，不足以享此尤物耶？抑亦死者有知，犹斤斤爱惜，不肯留人间耶？何得之艰而失之易也！"世事难料，人生惨淡，只好说是天意捉弄，自己没福分拥有，以此来说服自己，不是自己不爱惜，是爱惜无用。

为她这不幸的遭遇，后代文人都会掬一把热泪，如明代文人归有光读后序，有感而发："观李易安所称其一生辛勤之力，顷刻云散，可以为后人藏书之戒。"说是当为鉴戒，但他又着意补充道："然余平生无他好，独好书，以为适吾性焉耳，不能为后日计也。"

明明知道也许自己身后，藏书会散去无踪，所藏孤本、善本，皆与废纸无异，还是忍不住大量收书，这是读书人的瘾。

一生辛勤之力化为云烟，李清照便说："有有必有无，有聚必有散。"仿佛是看开了，想通了，可若时光倒流，她仍会义无反顾地积极收藏，若有万分之一的可能，她也会豁出性命把收藏紧紧攥在手里，之所以显出坦然态度，只是在不能挽回后，给自己一个心理安慰的借口。

李清照在行文最后写道："余自少陆机作赋之二年，至过蘧瑗知非之两岁，三十四年之间，忧患得失，何其多也！"

"少陆机作赋之二年"，陆机二十岁时，东吴灭国，退居乡里，与弟弟陆云发愤学习，经十一年苦学，誉流京华，声溢四表。少陆机之二年，即李清照十八岁。

"过蘧瑗知非之两岁"，蘧瑗为春秋卫国人，坚持反思己归，今年所行为是，便反思去年之过，因而年五十，有四十九年知非。过蘧瑗两岁，即李清照五十二岁。

李清照十八岁嫁于赵明诚，至写后序的五十二岁，三十四年光阴蹉跎，恍若过影，从前的温存与辛酸历历在目，她却已老了。一句"忧患得失，何其多也"，半生的滋味都在这里了。

李清照写毕后序，将《金石录》进奉朝廷，目的是让丈夫的心血刊行于世，实也是她的心血。那之后，她似乎与收藏事业再无瓜葛，好像是创伤太深，索性断了念想。直到绍兴二十年，她携米芾真迹拜访米友仁，请他题跋，人们才恍然，爱好一旦深入骨髓，如何能舍弃？她终究是不能忘，迟暮之年，尚要摩挲法书，那年轻时的痴迷至老弥坚。

《金石录后序》写成后不久，朝廷就从李清照在金华的寓所里取走了《哲宗实录》。这时，她已在金华住了半年。

绍兴四年九月，金人与伪齐分道进攻，南宋再次举朝逃奔，赵构想依旧采取老办法，放散百官，而后他跑路避敌。

这次皇帝的逃跑主义念头被宰辅大臣断然否决，大臣力陈逃跑不可取，恳请皇帝亲征，振奋前线士气。赵构被说服了，他端起誓死卫国的高姿态，声称要与金人决一死战，于是自临安起驾北上，欲临大江督战。

实际上自建炎四年以后，宋金局势处于对峙状态，原来把南宋军队揍得找不着北的金军，已失去了绝对优势。敌我双方从起初的陌生不惯，到互相摸索、互相适应，现已彼此熟悉而能采取有效的应对策略。

本年春季，川陕战区取得仙人关大捷，夏天的时候，岳飞又收复襄阳，“岳家军”自此一军跃起，成为南宋抗金战场上最强劲的军事力量。待金人与伪齐分道南下，“岳家军”又东援淮西，于庐州再胜金军。

一年之内，宋军数战数捷，原来对金军畏之入骨的南宋军队，在一次次胜利的鼓舞下，害怕的情绪渐渐淡化，若能积极进取，战胜敌人，恢复故疆，并不是不能实现的白日梦。

但皇帝依旧怕金人，就算气壮山河地豪言亲征，车驾也只到平江府（今江苏苏州），遥望江淮战场，知道将士们打了胜仗，“朕心甚慰”，然后打道回府。接下来，他就该与金朝展开新一轮的和议了，卑辞厚礼，屈己尊人，只要金朝承认他这个偏安政权的合法性。

当朝廷决议亲征时，李清照自临安迁往金华避敌，她叙述当时的民间氛围是：“今年十月朔，闻淮上警报，江浙之人，自东走西，自南走北，居山林者谋入城市，居城市者谋入山林，旁午络绎，莫不失所。”

一个怯弱无风骨的朝廷，保护不了子民，每有敌情，总是习惯性地遁逃，老百姓失了屏障，也习惯性跟着逃。一片混乱的环境下，受从众心理传染，人人皆逃，又不知该逃去哪里，乡下人逃来城里，城里人逃奔乡下，好像换个地方，就能把安全抱在怀里。

李清照在前往金华的途中经过严滩（今浙江桐庐县南），这里相传是东汉严子陵的隐居之地，他在此钓鱼为乐。李清照有感于严子陵高洁，遂赋《夜发严滩》：“巨舰只缘因利往，扁舟亦是为名来。往来有愧先生德，特地通宵过钓台。”

天下熙熙攘攘，不过为名利来来往往，严子陵却能视名利若无物，昔日太学同学刘秀做了东汉开国皇帝，请他入朝做官，他也不愿从俗。李清照惭愧自己也是个不能忘却名利的俗人，今天要从严滩过路，特意晚上悄悄走，免得让严子陵知道。

大凡文人都有双重心境，一面追逐名利，与红尘世界纠缠不休，一面颂扬不好名利的严子陵与陶渊明。尤其在崩乱的年代，这种矛盾心理更显著。入世经济天下，却建不了大功业；出世躬耕南山，又不甘心，反复纠结，反复踌躇。

十一月，李清照寄居金华，乍从舟车劳顿转为安逸闲适，文思才情便生出来，她创作了以“打马”为主题的系列文章，包括为游戏图经作说明的《打马图经序》，专为游戏写的辞赋《打马赋》，以及依游戏步骤所作的十三篇《打马图经命辞》。

打马是一种博弈游戏，适合闺中玩乐，李清照自言素爱博弈，技艺精熟，少有对手。在系列文章里，李清照用对仗工整的赋文形式，详细描述了打马游戏的种类、步骤、策略，文采斐然，妙趣横生。

阅读这一系列文章，正可见李清照争强好胜的性格，她之所以好博弈，皆因“夫博者，无他，争先术耳”，为此她自负地说：“故专者能之。”谁是专者？她给出了答案：“予性喜博，凡所谓博者皆耽之，昼夜每忘寝食。但平生多寡未尝不进者何？精而已。”她自信在游戏的世界里，她是绝对的赢家，她精通博弈，不仅在于昼夜思之，更在于她有聪明的头脑。

打马游戏中的冲锋、陷阱、转进、埋伏、偷袭等策略，仿佛一场纸上的战争，每一步移动，都似一次具体的战术实施，有先期的谋划，有局部的胜利，有暂时的顿挫，有敌我的胶着。所以通常的解读是，李清照的打马系列文章，披着游戏的外衣，里子却在影射现实。

正在激烈交锋的江淮战场是李清照写这一系列文章的缘起，她用闺房雅戏的名头，以游戏为主题，暗中寄予她对现实战事的关注。

如果文中那些精美的词汇，密集的典故与工整的属对，尚不能明显突出与现实的关联，那接下来的这一段，可以成为李清照的真实心曲的写照：“佛狸定见卯年死，贵贱纷纷尚流徙，满眼骅骝杂騄耳，时危安得真致此？木兰横戈好女子，老矣谁能志千里，但愿相将过淮水。”

“佛狸”指北魏太武帝，他曾饮马长江，有挥鞭灭宋之意，当时江南童谣云：“虏马饮江水，佛狸死卯年。”这是刘宋时的江南民众对北魏太武帝的恶毒诅咒，敢夺我疆土的敌军统治者不得好死，李清照借用过来，把“佛狸”比作金人。

“时危安得真致此”，取用自杜甫的《题壁上韦偃画马歌》，杜诗全句是：“时危安得真致此，与人同生亦同死。”杜甫借着吟咏韦偃画在壁上的马，表达时危事艰，安得神骏出世，解救天下危难。老杜时时不忘忧国，即便一首题画诗，也要与家国安危联系。

“老矣谁能志千里”，出自曹操的《龟虽寿》：“老骥伏枥，志在千里。烈士暮年，壮心不已。”便是这几句，可与打马游戏有关，也可单独取义，寓意金军南下，无论贵胄还是平民，都辗转流徙，那满朝的良臣才俊，能不能解决危难，让国家重获升平呢？

而这句“木兰横戈好女子”，仿佛是李清照的自比，她是女子，不能像男人般策马上疆场，可花木兰同样是女子，却可横戈立马，保家卫国。花木兰寄托了李清照内心的隐秘愿望，她若能为战士，也要匹马争先，为国血战。然而她这个渴望上战场的“花木兰”已老了，唯有壮阔千里的志气还在，她希望那些勇敢的战士，冲锋陷阵，不惧险难，哪一日带着她一起打过淮水去，大家重归故土。

那一年五十二岁的李清照还有这凌云豪气，满腔澎湃热血，争胜之心一日未灭，甚至想与男人同上战场，因此晚年的李清照，绝不是以往认为的那样，是个哀哀戚戚，每日以泪洗面的孤寡老妇。

她愁不愁呢？她当然也有愁的时候，譬如同时间写于金华的《武陵春》，就愁得舟船载不动。

> 风住尘香花已尽，日晚倦梳头。物是人非事事休，欲语泪先流。
>
> 闻说双溪春尚好，也拟泛轻舟。只恐双溪舴艋舟，载不动许多愁。

双溪，位于金华城南，是当地的名胜。李清照在金华寓居的某个黄昏，花已开败了，风吹走了最后的花香，心情是抑郁的，她无心装扮，周遭物是人非，万事都与从前不同，想说什么，泪倒抢了先。听闻双溪春天风景最佳，可以泛舟赏景，只恐那湖上载得动游客的舴艋舟，却载不动我的愁。

“只恐双溪舴艋舟，载不动许多愁。”这句化用郑文宝的《柳枝词》：“不管烟波与风雨，载将离恨过江南。”后代包括李清照在内的诗人、词人，竞相模仿，有说：“明朝酒醒大江流，满载一川离恨向衡州。”有说：“明夜扁舟去，和月载离愁。”有说：“遍人间烦恼填胸臆，量这些大小车儿如何载得起！”钱锺书的《宋诗评选》特意讲述了此种用法在诗词创作中的流变。

人间之愁最常见，小愁轻如尘土，一场宿醉，一次恸哭，便可消解，大愁重若千崖万山，莫说小舟载不动，便是天来当帆，地来做舱，也会塌了天，陷了地。

李清照的愁，舴艋舟载不动，她愁的是物是人非事事休，愁时光飞逝人已老去，过去若一滴雨落下，再也回不了头。可再大的愁，压在心头，就算把心碾碎，她也得衔着愁往前走。一霎涌动的坏情绪被慢慢抚平了，她也就复归平淡生活。

不是写过很多婉约词的李清照就得永远端着婉约的情绪，那写载愁之词的有苏轼，有辛弃疾，他们也愁，愁得大江去载，月亮去载，可人们不会说他们婉约，哭哭啼啼，怨天尤人，而会说那首词只是某个时间段某件事牵引出的特定情绪。

写《武陵春》愁损心肝的李清照，写《打马赋》豪气干云的李清照，都是李清照，这是人的复杂性，也是一个天才作家创作的多样性。

在某种程度上，李清照在《打马赋》里老去仍惦念的过淮水心愿，也是她在《武陵春》里载不动的愁吧，这又何尝不是寄居江南的中原人念兹在兹的梦想：驱逐敌虏，归去故土，复我河山，再沐太平。

同为中原人的皇帝与朝中重臣却不这么想，在国势渐次振兴，恢复旧疆有望实现的时候，他们想的却是跪下去投降，不惜自我矮化，自断其臂，不惜将将士们浴血奋战夺回的土地献出去。

绍兴六年（1136年），秦桧重回朝堂，翌年正月任枢密使，绍兴八年二度拜相。南宋朝廷在抗金与和议间犹豫数年，终于彻底转向俯首称臣。

绍兴十一年（1141年）十一月，岳飞在大理寺遇害，南宋最激昂的抗争烈火被强行掐灭了。

绍兴十二年（1142年）宋金和议，赵构称臣于金，南宋将淮水以北之土全部割让给金朝，李清照过淮水的心愿再不能实现。故园景象清晰如昨，只是要重返故土，去赏一赏故乡的山野湖川，瞧一瞧故乡的人物风貌，却成了梦，终究是梦。

那可成了天大的愁，白昼难消除，梦寐不能忘，“这次第，怎一个愁字了得！”。李清照老了，在异乡老去，想想远得渺茫若烟雾的淮水，以及更远得模糊了影子的故乡，像另一个世界的耳语，听不真，摸不着。

一生走的路太多，如今走累了，就停在此处吧！

第十二章

身后

我报路长嗟日暮，学诗谩有惊人句。

——李清照《渔家傲》

李清照的卒年，载籍无闻，好像这个传奇女词人，因文采出众而被上天着意青睐，上天便将死亡与她远远隔开，纵使有那末路一日，也不欲人知晓。

晁公武在《郡斋读书志》里一笔扫过李清照的结局："流落江湖间，以卒。"他自序该书写于绍兴二十一年（1151年），倘若按照他的说法，李清照卒年则当在绍兴二十一年之前，然细加钩深，此书记载其实大有问题。

一是《郡斋读书志》有多种刊本，各本间互有细节抵牾，或者是当时传抄纰缪，故征引文本论证史实时，应该格外小心。

二是该书数处出现绍兴之后的事迹，如称赵构为太上皇，足证成书必在绍兴三十二年（1162年）宋高宗退位以后，或者在宋孝宗隆兴年间，若成书于绍兴二十一年，如何得知赵构禅让一事？

综上所述，《郡斋读书志》成书时间有误，则李清照不可能卒于绍兴二十一年以前。

如果晁公武的这一笔，不是李清照在历史中出现的最后身影，那么，还有别的载籍记录她的晚年吗？哪怕只是一片碎影呢。

陆游的《渭南文集》收有一篇《孙氏墓志铭》，记述了一个遵奉礼教的传统女人的一生，却掠过了晚年李清照的惊鸿一瞥。这位孙氏是陆游的表侄女，自小便有卓荦品质，李清照以为她有天赋，想收她做学生，将毕生之学倾囊相授，那时才十几岁的孙氏回复道：“才藻非女子事也。”

少女孙氏拒绝了李清照，坚守了有德无才的传统妇女规范，她的父亲由此大为称奇，手书古列女数十事相授。孙氏不从李清照学写诗词，却捧起父亲手书的列女传日夜诵读，着意把自己培养成标准的贤妻良母。后来孙氏嫁人，家婆持家甚严，动辄惩责家人，其他人都不堪忍受，唯有孙氏奉事甚谨，从未违忤家婆，甚至怡然欢悦，仿佛伺候一个恶婆婆是人间乐事。

孙氏认为才藻非女子事，文名远扬的李清照不是她要效仿的偶像，在她的价值观里，女子的本分是伺候公婆，侍奉丈夫，养育儿女，父亲给她手抄的列女传里，那些秉持妇德的历代贞妇、节妇，才是她毕生遵奉的信仰。

这是李清照的悲哀，何尝不是孙氏的悲哀？哀而不自知，是哀而复哀，甚哀也。

一生要强，与男人争胜负，以文章立声名，自信千万世后也会有人记得自己，李清照的雄心豪情曾经支撑她走过大半生的坎坷旅程，只要那口倔强气还在，她就还能顶起一片天。可她行到暮年，忽一日惊觉，世间的女子都在端持温婉，讲礼教，持妇道，读书是为识得少许字，以便读懂《女诫》《女训》，而不是弄文墨，跻身男性文人圈，与他们数论文章优劣。像她意识到的这样，女人与男人平等的认知，并没多少人认同，原来她是这个时代的另类。

世间只有一个李清照，因其仅有，所以珍贵，因其仅有，又觉凄凉。留在历史文献上的最后一抹掠影，却是这个为人所嫌的李清照。

孙氏死于绍熙四年（1193年），终年五十三岁，上溯她十余岁拒绝做李清照学生时，正在绍兴年间，但具体为绍兴多少年，还需推敲。

有人把十余岁定为十五岁，理由是若只十一二岁，恐不能深谙封建礼教，故孙氏谢绝李清照时为绍兴二十五年（1155年），李清照这一年七十二岁。该论断有合理性，但也不能一刀切在十五岁的年龄上，而是应该划出一个大致区间。

因李清照于绍兴二十年携米芾真迹拜谒米友仁，绍兴二十年是较为明确的李清照在世时间，倘去掉这一年，从绍兴二十一年算起，延至孙氏十五岁的绍兴二十五年，即孙氏十一岁至十五岁，在这个区间内，李清照都可能在世，年龄为六十八岁至七十二岁。

越过这个区间，难以确定李清照是否还健在。但无论如何，在南渡之后，经历赵明诚早丧，经历不间断的颠沛流离，经历再婚骗局、牢狱之灾、身家散失、流徙无依等常人承受不住的磨难，她仍然顽强地活了很多年。

这漫长的余生，李清照如何过活？生计何来，交游有谁，文章几何，全是猜测。大约李清照在结束第二段让她蒙耻的婚姻后，不再依怙弟弟，与娘家人断了来往，而夫家那时定居福建，李清照却长期住在临安，应该也没有投靠夫家，她除了挂着赵明诚寡妻的名号，与赵家仿若陌路。身为朝廷外命妇，虽不像内命妇一样，能按时支取俸禄，但多少会有朝廷不定期的恩礼，勉强对付一时之急，能不能作为长久仰仗的生计，却很难说。

绍兴三年，她在给奉使金朝的韩肖胄的送行诗序里，约略描述过自己南渡后的生活状况："有易安室者，父祖皆出韩公门下，今家室沦替，子姓寒微，不敢望公之车尘。又贫病，但神明未衰落……"

除了神明未衰落，李清照几乎把自己形容得一无所有，是谓家族败落，沉沦下僚，既穷苦，又病困，因此"不敢望公之车尘"，俨然是狠狠放低了姿态。自己作为李家的不肖子孙，再也不配登韩家的朱门，连望尘而拜的卑微行为也不敢企及。

心高气傲的李清照把自己摁在深潭里，仿佛不敢抬头求贵人垂怜，其实希望那光风霁月的当朝红人看她一眼，在百忙之中举一举手，稍稍帮衬一下她这个无依无靠的老寡妇。以诗求资助，这不是李清照的独创，古来落魄文人寄诗贵人，总难免有求援的深层意思。

想来韩肖胄奉命出使，赋诗赠别的显赫人士不计其数，一个贫病的老寡妇用寻常纸张落笔的那组诗，夹在一大扎昂贵笺纸间，仿佛一粒灰落在锦帛里，风吹一吹，就散了。韩肖胄看了没有，看后有何反应，都不清楚，或者他认真读了，也认真回复了，给予了一些帮助，李清照费心揣摩的那组诗就算没白写。

或有人质疑李清照怎么能低下头颅，向贵胄求资助，这不符合她素来清高的形象，可为了活下去，男性文人常常以写文章谋生，女性文人如何不可凭才学吃饭？李清照既不能当官为宦，又没有行商坐贾，家底也薄弱，更不能指望她贩卖视为性命的收藏，除了满腹才学，好比东海浩渺，舀一勺出来充作糊口之用，不碍她的品行。所以，她不仅赠诗重臣，还为皇室写过贺节的帖子词。可能是绍兴十三年（1143年）以后，李清照在立春、端午两个传统大节，受邀写帖子词进呈皇帝与后宫嫔妃。

为什么是绍兴十三年后？因过去每逢节日，学士院便要写帖子词进奉，那帖子词其实是诗歌形式的吉祥话，用罗帛制成，金丝缠绕，华灿堂皇，显出一派节日的喜庆景象。建炎南渡后，诸事草创，制度未全，帖子词就废弃了，直到绍兴十三年，此事才复兴，因而李清照写帖子词必在这一年，或之后。

李清照的帖子词统共五首，两首立春，三首端午，其中一首献给皇帝，其余皆进奉后宫诸娘娘。凭李清照的才华，写几句吉祥话是信手拈来，本可得朝廷大赏赉，结果却因有人作梗，出了意外状况。

拟帖子词本为学士院职责，李清照写帖子词，原是她有亲戚为内命妇，能为她带进后宫，也就是说，她越过了学士院，以自己的名义进奉。当然她也可以挂学士院的名号，权当为学士院代作，待上头发下赏赐，学士院可分给她一部分，可她偏不愿为人作嫁衣裳，非要保留署名权。

时为翰林学士的秦梓，甚恶这女人喧宾夺主，于是在当中搅和了一把，朝廷对李清照只赐金帛而已，别的赏赐一概没有。

秦梓何人？秦桧的兄长是也。

按理说，秦桧要呼李清照一声“表姐”，秦梓既是秦桧兄长，与李清照也可算亲戚。而绍兴十三年之后，秦桧权势正盛，在朝堂上威风八面，皇帝也要在靴子里藏把匕首以防不测。李清照写几首帖子词，被他兄弟横夺朝廷赏赐，她倒是可以去向秦桧妻子，也就是她表妹申诉。秦桧是出了名的惧内，老婆一通河东狮吼，秦相公怕得心胆俱裂，若是枕头风吹一吹，随手就能把李清照的赏赐加倍还给她，可李清照这样做了吗？必定没有。

是非观不同，价值观不同，道德标准不同，不是一路人，走不到一起。贫病无依的李清照，凭着富赡才力，向朝廷要员赋诗表意，为皇室内苑拟帖子词，能得微薄的糊口资用则可，不能得便罢了，并不求表妹和表妹夫照拂。

然而因李清照与秦桧的关系，后世屡屡有质问的声音，当秦桧主政，极力主张朝廷和议，酿风波亭冤案时，李清照何以不发一言？她是顾虑亲戚情分，不肯直言谴责吗？如此苛责，实在过逾，若要清查黑历史，也该对其他有影响的文人一视同仁，请问其他文人有没有发一言？

绍兴和议后，朝廷为了营造欣欣向荣的和平氛围，一方面大兴文祸，凡异见者一律残酷镇压，以致算旧账，拉名单，篡改历史，焚毁书籍；另一方面大搞歌功颂德的舆论造势，文过饰非，虚构祥瑞，一众无廉耻的士大夫竞相献媚，以博富贵。

绍兴十二年，久困北国的太后回銮，为了庆祝这国家盛事，彰显皇帝可与天齐的孝心，朝廷下诏：一是将前日对和议有异论者，明正典刑；二是对极力主张和议者，重重旌赏。于是有千余人献赋颂，四百多人因之获赏。在一片唱赞歌的喜庆背景下，却是深文罗织，锻炼成狱。有人填首议时局的小诗，若背后失言提及秦相公，都会被籍没家资，远贬荒地，甚至身死不归。

王曾瑜先生在《绍兴文字狱》一文中，罗列了秦桧掌权时的二十四宗文字狱案，明言抗争者要下狱，暗讽时局者要逮拿，甚至捕风捉影，妄自罗织。统治者跪下去当儿皇帝，做了让天下人戳脊梁骨的脏事，心里其实一片虚弱的惶怕，恐惧子民议论，戳伤朝廷的颜面，他便要封口，容不得任何反对声音，更要重塑历史，营造中兴假象。

二十年里，说真话的人遭打压至不得翻身，说假话的人却身居显位，荣华加身。在这举朝钳口而只说谀辞的氛围下，有良知的士大夫也不得不说违心话。志在抗金的著名词人张孝祥，绍兴二十四年（1154年）高中状元，可他的状元策文仍不脱当下舆论樊篱，为秦桧戴高帽，为朝廷的投降主义唱赞歌。

一众廉耻扫地的文人，将满腹文采用来溜须拍马，把秦桧比作伊尹、周公、姜尚、管仲、孔子、孟子等圣贤伟人，一篇篇精心雕琢的颂扬美文是他们献给秦相公的投名状。

又如前文提及的李清照的诗友朱敦儒，过去端持狂放不羁的出世姿态，视富贵功名如浮云，晚年正逢秦桧当国，而秦氏父子附庸风雅，热衷进用骚人门客，以装裱门面，粉饰太平。秦桧先是任命朱敦儒儿子为官，从而胁迫朱敦儒入仕，朱敦儒不得已将命运绑上了秦桧的车辕，秦桧身死，他也遭朝廷罢黜。史书惋惜他是“老怀舐犊之爱，而畏避窜逐，故其节不终云”。

正当黑云压顶，催迫人心，能坚守节操、不惧强权弹压、不为利禄所动者，只是极少数。

绍兴和议后，士大夫的无耻行径日甚一日，以致后来张浚悲叹道：“秦太师专柄二十年，只成就得一个胡邦衡。”胡邦衡是胡铨，绍兴年间少有的骨鲠直臣，曾怒斥苟安偷生的南宋朝廷是“小朝廷”，乞斩秦桧，废除和议。他被秦桧忌恨，秦桧必欲杀之而后快，将他一贬再贬。

二十年黑暗岁月，只得一个胡邦衡出声抗议，其他人都忙着为权臣舐痔而自得其乐。如此恶劣的大环境，堂堂七尺男儿或畏祸噤声，或随波逐流。李清照能守住风骨，不去红人门下乞食，已极难得。比起士大夫为求功名富贵，对秦桧稽首礼拜，恨不能将其认作生身父亲，李清照的气节强过不止百倍。

李清照的最后岁月是在令人窒息的政治高压氛围下度过的。她原来写过尖锐的批评时局的诗文篇章，但是这些篇章在她晚年几乎无存，也许与残酷的文祸有关。

秦桧死于绍兴二十五年，多年沉闷的政治空气廓开了一点儿清朗局面。皇帝还是那个皇帝，朝廷也还是那个朝廷，偏安的人依旧偏安，苟且的人仍在苟且，但政治高压的浓重阴霾渐渐散去。

正是此年，孙家小女儿谢绝了李清照欲收她为徒的好意。由于她的传统妇德模范，那要颂扬她的文章里意外地留下了李清照人生的最后一处足迹。那之后，李清照是否又活了一些日子，见过更多风景，写过更多杰作？她是否忽一日想起淮水的旧梦，自失一笑，旧梦被搁去一边，然后渐渐湮灭？我们无从了解。

李清照最为雄阔大气的词作《渔家傲》，创作时间不明，或是南奔时，抑或晚年时，这首词仿佛是她对一生的自我审视：

> 天接云涛连晓雾，星河欲转千帆舞。仿佛梦魂归帝所，闻天语，殷勤问我归何处。
>
> 我报路长嗟日暮，学诗谩有惊人句。九万里风鹏正举。风休住，蓬舟吹取三山去。

那是在苍茫无垠的海上，眼前一片蒙蒙白气，恍惚是弥漫天际的云雾，也或者是飞卷上天的海涛。在云之端、雾之边是星斗转移的银河吗？河上千帆竞流飞舞。我仿佛魂离肉体，飞升上天，去了天帝之所，天帝问我归去何处，我回答人生长路漫漫，而今夕阳西下，来日无多，我一生无别成就，只爱弄文墨，虽曾写出惊人之句，不过是徒然劳碌，似乎也无多大意义。大鹏振翅御风而行，一日可飞九万里。烈风请不要停，将我乘坐的这一叶小舟吹去那三神山。

“我报路长嗟日暮，学诗谩有惊人句。”便是这一句，仿佛是李清照在晚年回顾人生，不过是个文人罢了，一辈子与文字纠缠不休，写得几首好词，那又如何呢？

所谓天帝问她归何处，这是她内心的自我追问，她是谁？她想成为谁？她最终又成了谁？

但她没有停笔于此，让情绪低落下去，像是忽然间想通了，一股力量拔地而起，她那磨灭不去的理想燃烧起来。她要借着大鹏的能量，去那凡人到不了的海天尽头；她更想成为大鹏，振翅一舒，九万里之遥宛若一步跨过。

然而她是谁？

她是文人，也是女人，她是李清照，独一无二的李清照，她在她的年代做了别的女人做不了的事业，她让时人惊艳，亦让后人思慕。

依着李清照的才情，她应有极其丰富的作品，当时人记录她有文集十二卷，《宋史》则记载她有文集七卷、词集六卷，可惜大部分散佚了。李清照在世时，她的词已被同时代文选类的书收入，如曾慥的《乐府雅词》，收录李清照的词二十三首；黄大舆的《梅苑》收录五首。而专属于她的个人集，宋代的已不可见，明朝辑佚出一部，由于是手抄本，后来明代藏书家毛晋将其付诸梓版，这就是传世最早的李清照词集——汲古阁本《漱玉集》。

后代对李清照的兴趣越来越大，纷纷在旧日文献里寻觅她作品的蛛丝马迹，于是乎，划在李清照名下的作品越来越多，但一多半是伪作、疑作。综合论之，能较为明确断定的李清照的作品，完整的不过七八十篇，如果非要较真儿，或者更少，还有不少残句断章，不知全貌，今人只好读得一点儿破碎片段，余下的全凭想象。

延至清代，因词文学再度兴盛，当时文人对李清照倍加推崇，王士祯尊她为“词中大家”，喜爱之情难以遏制，不由得技痒，于是和韵其词，共计十七首。仿佛距离李清照的时代越远，李清照的真实形象越模糊，人们越是欣赏她。脱离了现实时空的想象，像一把精密的剪刀，将从前一切晦暗的评价都剪掉，剪裁出一个完美的李清照，并将她一步步推到词坛宗主的地位。

李清照不仅文章作得好，还工书画。明朝人见过其真迹，留有相关记载：李清照的字“清真可爱”。她曾为白居易的《琵琶行》作画。遗憾的是，她的书法与画作，同她的许多作品一起，消失在历史中。

李清照的一生传奇精彩，绮丽若梦，却也坎坷艰辛，饱经忧患。因为她是女人，史官不为她立传，她的事迹零散不全，后人要想了解她，只好在各类文献里东拼西凑，有时候，不得已以揣度代替真相，以想象代替事实。

就算无法拼合出一个完整的李清照，但她毕竟做到了让后生百代记得她，欣赏她的诗词，仰慕她的为人，为她的各种琐事争论不休，无数人为她写下文章，数量远远超过她传世的作品。

“千秋万岁名，寂寞身后事。”她那在时间中模糊很久的余生，曾寂寞过吗？曾悲伤过吗？有过吧。再伟大的诗人，即便生前身后享有莫大的盛名，也仍然在回顾半生荆棘时，黯然神伤，可若无那在荆棘丛中挣扎出的鲜血淋漓的自我，再把这伤痕累累的自我拆开，以骨为笔，以血为墨，书写出时代的残酷面貌，又如何成就身后盛名？

遍尝人间悲辛滋味的李清照，才是词人李清照，让千秋万代记得的李清照。

激发个人成长

多年以来，千千万万有经验的读者，都会定期查看熊猫君家的最新书目，挑选满足自己成长需求的新书。

读客图书以“激发个人成长”为使命，在以下三个方面为您精选优质图书：

1. 精神成长

熊猫君家精彩绝伦的小说文库和人文类图书，帮助你成为永远充满梦想、勇气和爱的人！

2. 知识结构成长

熊猫君家的历史类、社科类图书，帮助你了解从宇宙诞生、文明演变直至今日世界之形成的方方面面。

3. 工作技能成长

熊猫君家的经管类、家教类图书，指引你更好地工作、更有效率地生活，减少人生中的烦恼。

每一本读客图书都轻松好读，精彩绝伦，充满无穷阅读乐趣！

认准读客熊猫

读客所有图书，在书脊、腰封、封底和前后勒口都有“**读客熊猫**”标志。

两步帮你快速找到读客图书

1. 找读客熊猫

2. 找黑白格子

马上扫二维码，关注“**熊猫君**”

和千万读者一起成长吧！